U08704462

喵~欢迎来到

日本的猫咪旅馆

[日]小林希 著　徐蓉 译

华中科技大学出版社
http://www.hustp.com
中国·武汉

有书至美
BOOK & BEAUTY

目 录

聚集了附近猫咪的温馨旅馆

“猫岛”上的猫旅馆

被救助猫咪所在的疗愈旅馆

地图

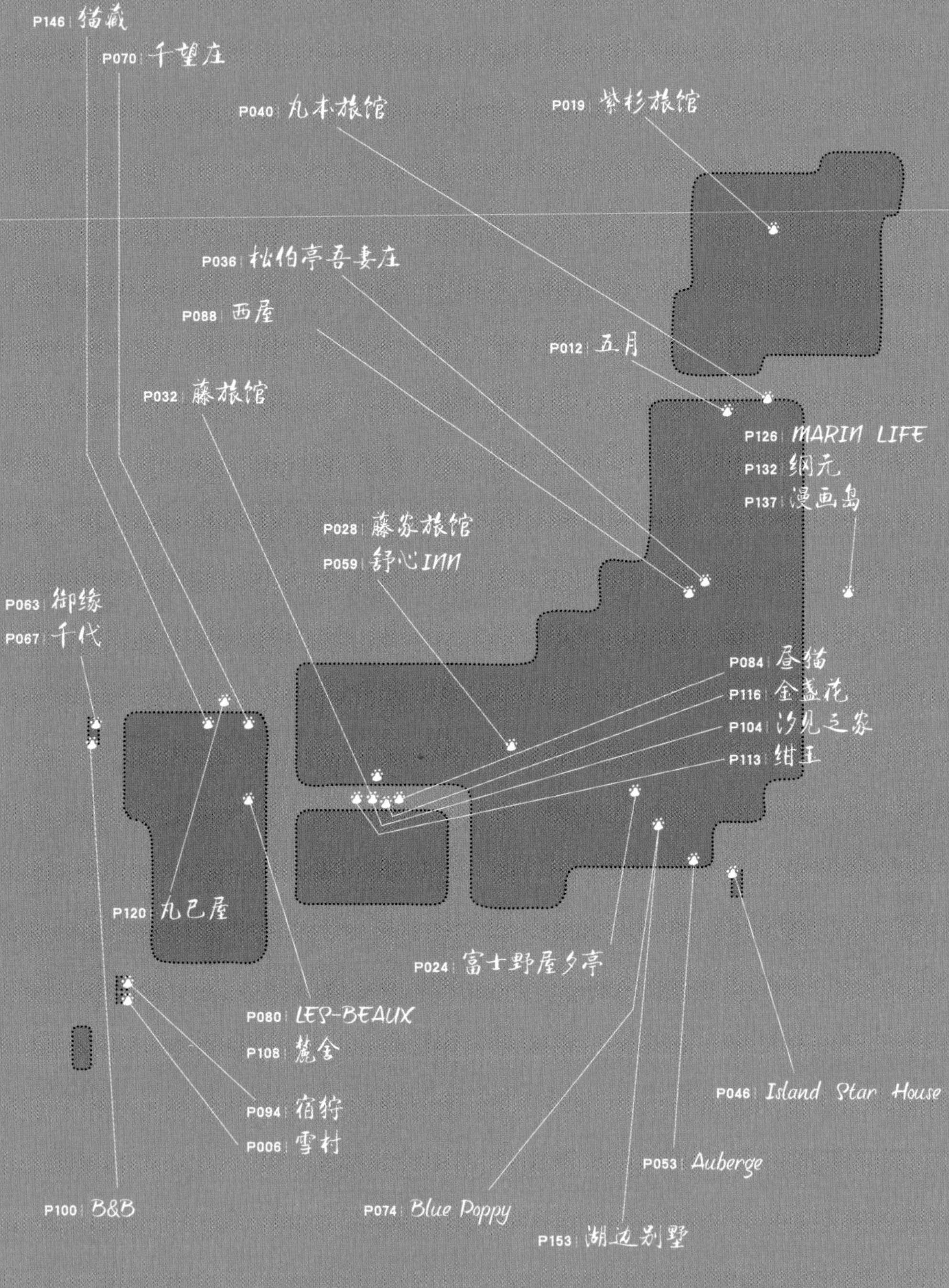
P146 猫藏
P070 千望庄
P040 丸本旅馆
P019 紫杉旅馆
P036 松伯亭吾妻庄
P088 西屋
P012 五月
P032 藤旅馆
P126 MARIN LIFE
P132 纲元
P137 漫画岛
P028 藤家旅馆
P059 舒心INN
P063 御缘
P067 千代
P084 昼猫
P116 金盏花
P104 汐见之家
P113 绀王
P120 丸已屋
P024 富士野屋夕亭
P080 LES-BEAUX
P108 麓舍
P094 宿狩
P006 雪村
P046 Island Star House
P053 Auberge
P100 B&B
P074 Blue Poppy
P153 湖边别墅

有猫女将招待的旅馆

猫咪生活在旅馆中，

并且会担任“猫女将”很好地招呼、接待前来住宿的客人。

下面将会介绍那些有着可爱猫女将的旅馆。

（女将即老板娘、女店主，日本的旅馆多为女性老板接待顾客。）

鹿儿岛县 加计吕麻岛

雪村

猫咪喜爱的海浪声

被柔和的海风所包围的神之岛的旅馆

猫女将

小咪

旅馆前这块视野开阔的区域是小咪（MI-）所喜爱的场所。它会一边聆听海浪的声音，一边与客人度过一段安乐的时光。

旅客聚集的秘密旅馆，与客同眠的猫女将

从鹿儿岛县奄美大岛南端的古仁屋出发，乘坐渡轮约20分钟便可以到达加计吕麻岛。虽然只是一段短短的路程，但是却仿佛来到了一个可以说是世外桃源的地方，就连呼吸的空气也与之前大不一样。生机盎然的绿树、翡翠一样的大海、作为行道树的刺桐上盛开着的鲜红花朵，还有供泛灵论信仰参拜的参拜处和神社等，美丽的大自然和敬畏它的人们在此共同生存。当地人说，“这里是神之岛”。

在这座岛上有一个人口大约10人的村落，名叫势里。那里有一间挂有写着“雪村”招牌的秘密旅馆。在这家由平房构成的旅馆里都是慕名而来的游客，他们聚集在通风良好的客厅里，和老板、老板娘以及猫女将小咪一起愉快地玩耍，度过悠闲的时光。每个人都忘却了平日的压力，脸上洋溢着快乐的笑容，小咪则从老板手里得到了由今天钓上来的鱼制成的新鲜刺身，一脸满足的神情。

“小咪，今天客人会到你的房间里睡觉，还请多多关照。”老板娘这么说着。原来晚上跟哪位客人一起睡觉，是由小咪自己来挑选的。

第二天早晨，在我被海浪的声音叫醒的时候，小咪已经离开，不知去了哪里。于是我起床向海边走去，在摇晃的吊床上发现了小咪的身影。作为一只合格的猫女将，小咪立刻跳下吊床，将最佳位置让给了我，然后移到一旁的长椅上继续悠闲地躺着。享受着带着咸味的潮湿海风，我和小咪就这样再次进入了梦乡。

傍晚时分，在旅馆前欣赏落日

由平房构成的旅馆里，猫咪和客人都聚集在客厅中，
远处的是小咪的后辈小卷（RO-RU）

由猫女将来挑选“共度一晚”的客人

猫咪会蹲坐在客厅的特等席仔细观察每个客人的样子。
如果确认没有什么问题，便会一下子消失得无影无踪

猫女将的工作是在客人就寝的时候陪在一旁。
其实真正挑选哪位客人“共度一晚”的是小咪

这是被旅馆工作人员称为“Paradise”（天堂）的地方，小咪特别喜欢在这里休息

一边聆听海浪的声音，一边与客人度过一段安乐的时光

这里的长凳是小咪喜欢的地方

客人在大海中愉快地进行浮潜，而小咪则在岸边静静地守护

没有客人的时候，小咪很喜欢在吊床上摇来摇去

偶尔勉为其难地向客人撒娇，也是孤傲猫女将的工作之一

猫女将资历

6年

品种

三花猫

性格

孤傲、我行我素

住宿中遭遇概率

🐾🐾🐾🐾

备忘录

除了小咪以外，这里还有黑猫小卷和三花猫小小（CHIBI）

雪村

㊟: 894-2235

鹿儿岛县大岛郡濑户内町子齐1140

☎: 0997-76-0038

Ⓗ: 无

青森县 巡 浅虫温泉

五月

一家可以在宁静的夜晚里听到猫咪脚步声的旅馆

猫女将

帕帕可

帕帕可（PAPAKO）会在大门口迎接和送走客人，仿佛在说着“旅途愉快”。早上一到客人回来的时间，帕帕可就会踩着小碎步来到这里

从早到晚都在工作，有着美丽双眸的猫女将

在日本本州的北端，当夕阳落向陆奥湾对面一侧的时候，你会发现靠近海岸线的宁静浅虫温泉街被包裹上了一层温暖的复古色调，像是穿越了时间。在这条充满了怀旧情调的街上，不论是寒冷的冬季，还是炎热的夏季，都会有许多前来享受温泉和沙滩的游客。“五月”是这条街的旅馆老店，有着纯日式的三层建筑，内部装修则使用了漂亮的津轻涂（日本传统工艺漆器）家具，给前来住宿的旅客带来不一般的享受。

这家旅馆的猫女将是叫作帕帕可的日本虎斑猫（キジトラ，是日本最多的杂种猫），而它最迷人的地方就是那双漂亮的黄绿色杏核眼。

6年前，帕帕可被当地的孩子捡到并送来了这家旅馆。虽然旅馆的老板当时满脸无奈地接纳了帕帕可，但是很快就变得和它难舍难分了起来。从那以后“爸爸的好孩子”（パパの子）便成了老板的口头禅，也成了这只猫的名字（パパ子，帕帕可为谐音）。早就住在这里的一只叫作查查（CYACYA）的白色鲭虎斑猫也温柔地接受了帕帕可。老板娘说：“我们家旅馆代代都有饲养猫，要说真正养育帕帕可的恐怕是查查呢。”

宁静的夜晚让细微的声音变得清晰起来。那些细小的响动里混杂着帕帕可和查查从旅馆里出去的脚步声。到了深夜，它们就会认真地在旅馆周边展开巡逻任务。而在白天，即便查查还在继续睡觉，只要一到了客人出去的时间，帕帕可就会将客人一直护送至玄关，仿佛还边说着“旅途愉快”的祝福语。

早晨，当你在房间里享用着旅馆提供的美味早餐时，会发现猫女将帕帕可来到客房，毫不犹豫地坐到了喜欢的窗前的椅子上，[illegible]

晨间问候的帕帕可会像只普通的猫咪那样进入香甜的睡眠时间

造访客房
是猫女将的重要工作

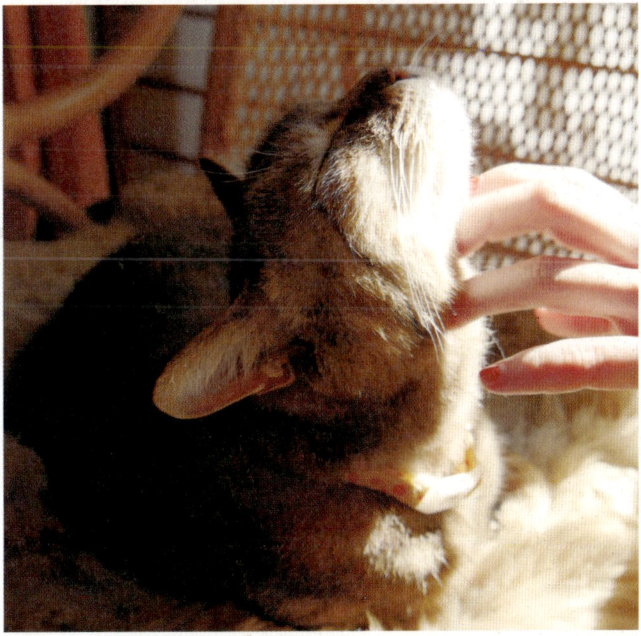

治愈客人的心灵也是猫女将的重要工作。别看照片中帕帕可一脸满足的样子，其实真正感到幸福的应该是客人才对

到了晚上，帕帕可和查查两只猫便会悄悄地一起到旅馆外面巡逻。所谓巡逻，大概是一边吹着夜风一边展开一场猫咪之间的交流大会

漂亮的帕帕可静静地坐在暖色的灯光下

猫女将资历

5年

品种

混血（茶色虎斑猫+日本虎斑猫）

性格

善于社交、我行我素

住宿中遭遇概率

备忘录

只要拜托旅馆的老板娘就一定可以见到猫女将

心地温柔的猫哥哥和
勤奋工作的猫妹妹

老板娘抱着的是刚从睡梦中醒来的查查，与它那健壮的身形相反，脸上写满了“我真的很不擅长应付人类喵……”的讯息。查查也曾是被人丢弃的猫

查查作为猫女将帕帕可的老前辈，却是有着怕生的性格，所以主要负责在远处“监视”客人

五月

㊟：039-3501
青森县青森市浅虫萤谷71-7
☎：017-752-2352
Ⓗ：http://www.satuki-oyaji.jp/

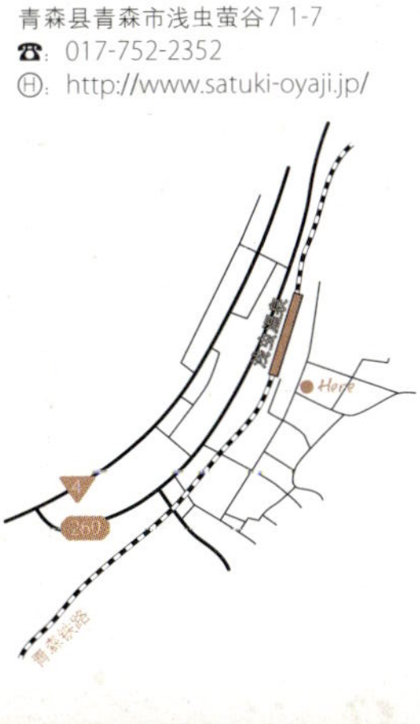

因为阳妹从小饮用泡有玫瑰花的水，所以有着特别光滑柔顺的毛皮

北海道 ⓜ 当麻町

紫杉旅馆

喜欢玫瑰花的猫在这里静候
被大自然花香所包围的旅馆

猫女将
熊妹

午餐后的沙龙是猫女将和那些想与它见面的客人进行交流的重要时间

藏身于玫瑰花丛中的怕羞猫女将

距离北海道的旭川机场约30分钟路程的当麻町是北海道第一的玫瑰花产地。而在当麻町附近又有着旭山动物园以及美瑛町的清池，如果试着眺望十胜的雄伟高山，还可以看到富良野广袤无垠的薰衣草田。

在这个被北海道广阔的大自然所环绕的美丽地方，有一家飘荡玫瑰花香气的旅馆，名为“紫杉旅馆”。这家旅馆不仅有着可爱的西式建筑的外形，里面更是种满了由当地花农精心栽培的大朵玫瑰花。而旅馆澡堂的玫瑰花浴也是一大亮点，数十朵玫瑰花漂浮在水面，在消除旅客身体上疲劳的同时放松了旅客的心灵。在旅馆里经常可以看到各种由客人亲手绘制的图画被细心地装饰在各种细微的地方，虽然只是一点小小的细节，却让人觉得增强了客人和旅馆之间的联系。

我发现在那些画中，大部分都描绘有一只纯黑的猫咪。晚餐过后，我偶然察觉到在一旁的柜台下面似乎有什么东西，出于好奇我弯腰看去，宛如从那些画中走出来一样，一只黑猫正缩成一团在柜台下小憩，它就是熊妹（HIGUMA）。我仔细观察，发现在熊妹的眼睛上方有着一撮白毛，就像是人的眉毛一样，这是它的特色也是魅力所在。据说熊妹还是小奶猫的时候就被老板娘从寺庙带回家领养，可以说它是饮用着旅馆里的玫瑰花水一点点长大的。之后因为熊妹是很怕生的性格，所以花费了一些时间才能正常地接待来旅馆的客人。这只“怕羞的猫小姐”如今已经有3年的猫女将资历了。

哪怕只是偶然与我四目相对，熊妹也会立刻躲藏至玫瑰花的阴影下。虽然最初总是保持着一定的距离，但是经过我的不懈努力，熊妹终于渐渐地开始与我心灵相通起来，甚至愿意用它喜欢的缎带和我一起玩耍。途中熊妹可能会突然离开，去饮用柜台上漂浮着玫瑰花的容器里的水，它会将头埋进玫瑰花瓣里，看起来像是在享受着玫瑰花带来的甘甜气息。

玫瑰花旁有猫女将

摆放着玫瑰花的柜台
是熊妹喜爱的地方

旅馆角落里放着一摞钢管椅的位置可以说是猫女将休息的后台

与客人一同玩耍也是猫女将重要的工作

熊妹躲在障碍物后面暗中观察着客人

今天的天气怎么样呀？将小脑袋伸向窗边观察外面的天气也是猫女将的工作之一

之所以会叫作熊妹，是因为它长得很像黑色的罴棕熊。另外不知道为什么它的眉毛部分长着白毛，十分可爱

熊妹特别喜欢和客人一起玩缎带。它虽然是怕羞的性格，但是在缎带面前就会突然变得活泼起来

猫女将资历

3年

品种

黑猫

性格

怕羞、文静

住宿中遭遇概率

🐾🐾

备忘录

想要见熊妹的话，可以找老板娘商量！

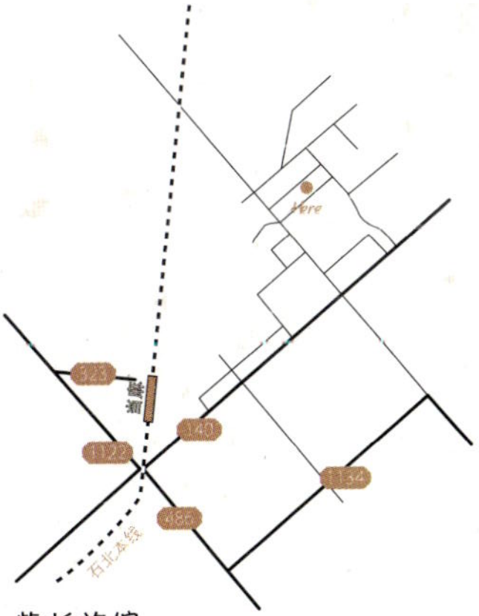

紫杉旅馆

㊟：078-1316
北海道上川郡当麻町5条东4丁目4-1-5
☎：0166-84-5255
Ⓗ：http://www.ichiinoyado.jp/

山梨县 ♨ 石和温泉

富士野屋夕亭

伫立在笛吹川前的猫咪和充满怀旧气息的温泉旅馆

猫女将
咪珂可

咪珂可（MIKEKO）伸长身体躺在副楼的入口处前，悠闲地等待着客人

在副楼等待着“爱猫客人”的猫女将

“徒步鹈”（在不驾船的情况下操纵鸬鹚进行捕鱼的传统活动）自平安时代（794—1185年）延续至今已有800年的历史。一旦到了夏季便会有许多观光客为了欣赏“徒步鹈”而造访笛吹市石和町。等到表演的时候，鸬鹚的饲养人会一边在笛吹川中行走一边操纵着鸬鹚，而观光客在看到鸬鹚捕鱼的那一刻都会不由自主地发出惊叹的声音。除了徒步鹈以外，还有烟火大会、放河灯等夏季常规活动，到了冬天则可以来泡一泡有美容效果的著名温泉。

笛吹川前的“富士野屋夕亭”有着优质的温泉资源，是一家创建于昭和39年（1964年）并且一直延续着复古风格的旅馆。旅馆分为主楼和副楼，客房有日式和西式两种。特别是附带有露天温泉的房间，让人只想悠闲地享受这舒适的时光。

3年前咪珂可来到这里，开始了它作为一名猫女将的修行。据说它原来是用来专门负责捉老鼠的猫咪，但是不知道从什么时候开始渐渐地变成了接待客人的猫女将。因为有着无拘无束的性格，所以白天经常会悠闲地躺在副楼的入口处一边打盹一边等候着客人的到来。有时又会很随性地走到入口外面，一边眺望着眼前的明媚风光一边等候来到旅馆的客人。虽然是这样的性格，但是到了晚上它还是会尽职尽责地在旅馆内进行巡逻。最近越来越多的回头客是专门为了再见咪珂可而来，其中不少是因为咪珂可而首次接触到猫咪的小孩子，足可见咪珂可的魅力之大。

当我拜托旅馆的老板带我去见咪珂可的时候，果然发现它在副楼入口处的小窝中休息。这个看起来十分舒适的小窝是旅馆的工作人员为咪珂可专门准备的，它很喜欢在那里面悠闲地睡觉。大概是注意到老板的到来，咪珂可发出了“喵~”的可爱叫声，仿佛是在问：“啊~是到了工作的时间喵？”然后慢悠悠地爬了起来。

副楼的入口处就像是咪珂可的休息室

白天会在休息室里休息，
夜晚则会在旅馆里巡逻

走出入口处迎接来到的客人也是咪珂可的工作

猫女将资历
3年
品种
三花猫
性格
温和、无拘无束
住宿中遭遇概率
备忘录
经常会待在副楼入口处的小窝里

白天咪珂可很喜欢躺在由工作人员买来的小窝里呼呼大睡。为了夜间可以更好地在旅馆内巡逻，白天的养精蓄锐是十分必要的

富士野屋夕亭

㊟：406-0023
山梨县笛吹市石和町八田286
☎：055-262-2266
Ⓗ：http://www.fujinoya.co.jp/

※咪珂可已经于2017年9月15日去世了

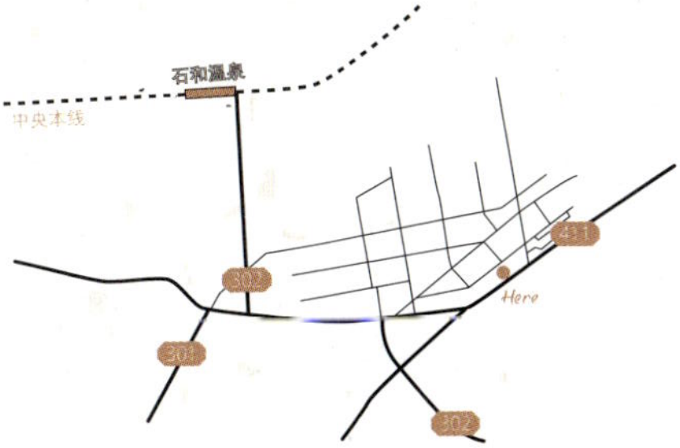

京都府 ⓜ 京都市

藤家旅馆

在这家让人享受安宁的纯日式旅馆 有着人见人爱的猫咪

猫女将

莉莉

以巡视客房来招呼客人的猫女将

京都是日本最大的旅游胜地，不仅有许多日本游客前往观光，还有更多的外国游客慕名而来。从热闹的京都车站步行没多远，就会看到林立的神社和寺庙，瞬间便有了在旅游的实感。

在从京都车站步行3分钟就可以到的范围内有一条极具风情的小径，而纯日式风格的藤家旅馆就建在那里。这个充满治愈气息的空间让我有了回到老家的错觉，感觉一不小心就会说出“我回来了”。

莉莉（RIRI-）作为旅馆的第二代猫女将，经常会蹲坐在旅馆门前看着过往行人，向路过的人们发出它“今天也是一个好天气呢”的问候。莉莉很喜欢和老板娘一起巡视旅馆周围的情况，而这也是猫女将的重要工作之一。

到了晚上，将客房都巡视一遍也是猫女将需要做的工作。而这对那些爱猫人士来说可以算是最佳的福利，他们可以在莉莉检查房间的每个角落的时候获得他们期待的治愈时间。在上代猫女将埃米莉（EMIRI-）已经去往天国的现在，之前那些为埃米莉而来的客人都转为了第二代猫女将莉莉的粉丝。在抚摸过莉莉那柔软顺滑的美丽灰色毛皮之后，客人会更加为它的魅力所倾倒。

晚上，莉莉果然也出现在了我的房间里。它一下跳到柔软的被褥上，仿佛是在问：“有没有哪里服务不周的地方喵？”其实只要能看到猫女将来了，我真的已经心满意足。

莉莉到了晚上就会来到客房
给人们带来治愈的时间

莉莉坐在窗边暖洋洋地晒着太阳，舒舒服服地休息着

作为第二代猫女将，每天都在成长中！

猫女将资历

6年

品种

俄罗斯蓝猫

性格

善于社交、我行我素

住宿中遭遇概率

🐾🐾🐾

备忘录

只要拜托旅馆的老板娘，就可以见到猫女将

莉莉会在巡视的时候检查客房的每一个角落，仿佛在说这就是它的工作

莉莉很喜欢和老板娘一起在旅馆附近散步，因为跟邻居以及路人打招呼也是十分重要的工作（生意）呀

藤家旅馆

㊟. 600-8216
京都府京都市下京区不明门七条下东盐小路町735
☎: 075-351-3894
Ⓗ: http://fujiyaryokan.com/

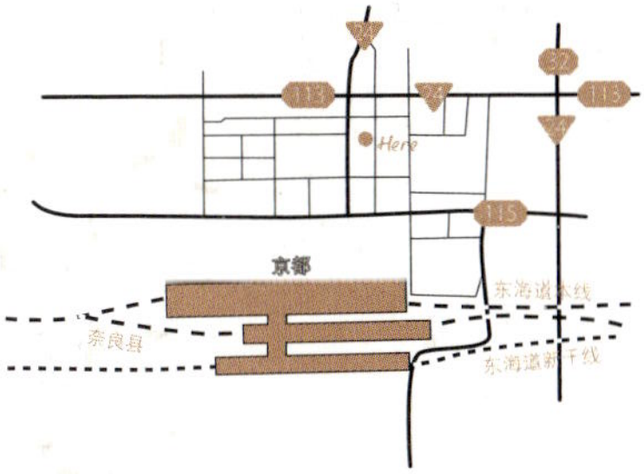

广岛县 尾道市

藤旅馆

猫咪所生活的地方是建筑年龄69年的古老民居旅馆
也是旅行者们旅途的交叉点

猫女将
琥珀

在旅馆老板的房间前，琥珀正在尽责地招待那些为了猫咪而来的客人

怕羞的美人猫女将

在尾道有一个叫作坂之街的地方，这里随处可见一间间保存良好的古老民居紧紧相连。作为岛并海道的西起点，以自行车骑行者为代表的很多游客喜欢来到这里。登上摆放了大量福石猫（描绘有猫的图案的石头）的猫小道，便可以来到千光寺，据传闻这是在806年由弘法大师空海所修建的。在那里可以眺望尾道的古老街道以及濑户内海的美丽风景，而且在寺庙的公园里还聚集了许多胖乎乎的猫咪。当地的爱猫人士每天都会专门前往给猫咪们喂饭。

在尾道的商店街步行大约15分钟，便会来到可以治愈游客疲劳的“藤旅馆”。这是一家由建筑年龄69年的古老民居改建的迎宾馆，房间以类似学生宿舍的形式相连接，因此有着价格便宜以及利于游客之间交流的特色。一旦聚集了爱猫人士，老板就会带着琥珀跟大家见面。

琥珀在游客中有着“美人猫女将”的称号，并且十分有名，虽然有着怕生的性格，却是治疗游客心灵的重要存在。“其实它是个很活泼的孩子呢。”老板这么说。难道琥珀其实是在客人面前“披着猫皮”（日语中“披着猫皮”指假装乖巧，用在这里作者大概想表达双关的意思），伪装成害羞的猫女将吗。

我在岛并海道旅行的首日住在了那里，而从那天以后我的旅途中充满了与猫咪的幸福相遇。我想，这一定是因为在那天琥珀对我说了“旅途愉快”的祝福所带来的好运。

虽然琥珀很怕羞，但是它也会
尽自己最大努力来招呼客人

老板说着，“瞧啊，猫
女将登场了。”将琥珀
从房间里领了出来

琥珀会在房间前与客人保持着若即若离的距离

琥珀正在公共空间进行检查

猫女将资历

5年

品种

日本虎斑猫

性格

怕羞、活泼

住宿中遭遇概率

备忘录

因为会待在老板的房间里，所以只要去拜托老板就可以见到琥珀了

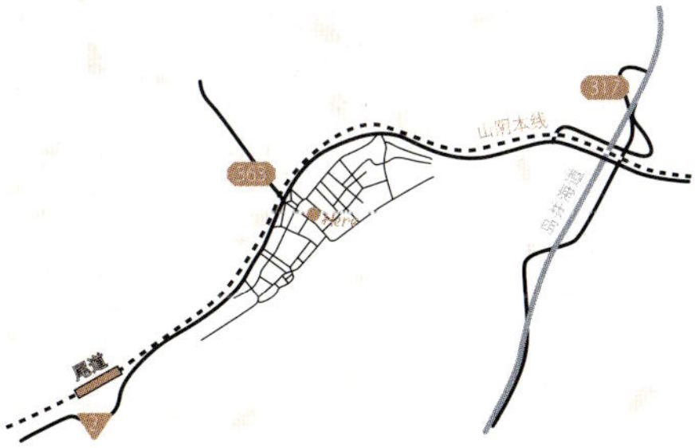

藤旅馆

㊟：722-0034
广岛县尾道市十四日元町3-30
☎：0848-36-6215
Ⓗ：http://nora-t.p-kit.com/

山形县 ⓜ 天童温泉

松伯亭吾妻庄

在被温和的复古气息所包围的旅馆里
有着身披短褂的猫咪

猫女将
小舞

一发现有客人来入住，猫咪都会在老板娘的脚边翻来着露出肚皮表示欢迎

治愈旅客的猫女将

天童市以制作将棋棋子而闻名。在这个安静的城镇，你仿佛可以听见那些沉默寡言的手工艺人们的呼吸声。这里从过去开始便是温泉疗养的好去处，有着治愈旅客的优质碱性温泉，现在依旧深受观光客的喜爱。

在流经天童温泉街的小河附近，有一间从明治时代存续至今的中型规模的旅馆，和它的名字"松伯亭吾妻庄"一样，旅馆里是满满的复古风。进入旅馆宽阔舒适的前厅，便会被柔和的自然光所包围，宛如与外界隔绝。在那里，你会发现一只可爱的小猫咪正在惬意地发出"喵喵"的叫声。每当有客人来到，它便会英姿飒爽地出现在这里，宛如完成自己的分内工作一般迎接客人的到来。接下来客人便可以体验整套猫女将迎接服务，首先是身体上的接触，之后猫女将还会躺在地板上露出肚皮，表示"盛大欢迎"。

猫女将小舞（MAI）工作起来十分认真。时而会在屋子里巡视，时而会向客人们介绍大型将棋棋子的雕刻，有时甚至会被老板娘穿上工匠服的小短褂，然后坐在客人用的椅子上。就这样用它那萌化人心的力量，给客人们带来疗愈的时间。

数年前还是被舍弃在山中的小奶猫，而如今成为一只合格的猫女将已经有5年了。"小舞经常会去客房巡逻哟"，旅馆老板娘介绍道，看来小舞早已对猫女将的工作得心应手了。只不过有时候，小舞还是会像只普通的猫一样，突然兴起地离开屋子，来到庭院，呼吸一下室外的甜美空气。

在充满了自然光的前厅里，猫女将小舞正在静静地等候客人的到来

一旦身披短褂便打开了
身为猫女将的开关

松伯亭吾妻庄

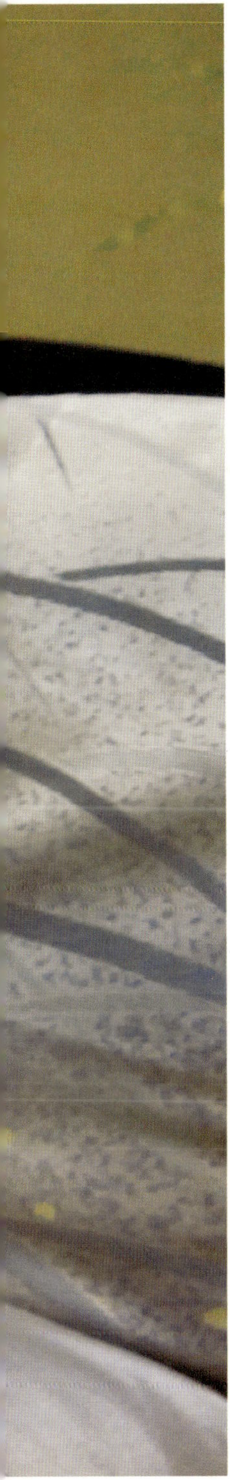

猫女将资历

5年

品种

白色日本虎斑猫

性格

善于社交、我行我素

住宿中邂逅概率

🐾🐾🐾

备忘录

只要拜托旅馆的老板娘的话，就一定可以见到猫女将

小舞经常会这样被老板娘穿上一身短褂，等它完成工作以后就会得到最喜欢的烤海苔作为奖励

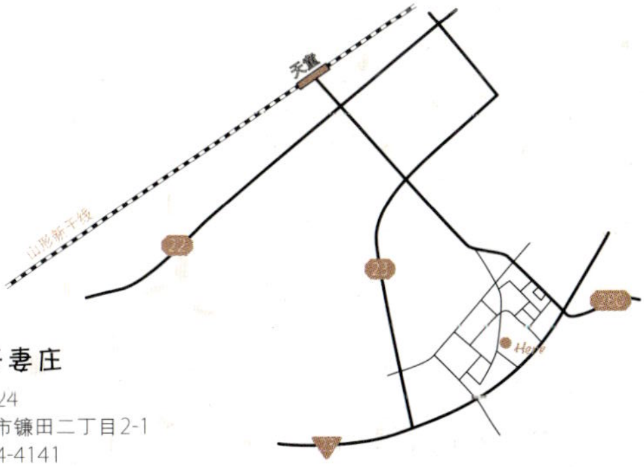

松伯亭吾妻庄

㊟：994-0024

山形县天童市镰田二丁目2-1

☎：023-654-4141

Ⓗ：http://www.azumaso.com/

青森县 ♨ 下风吕温泉

丸本旅馆

被清凉空气所包围的日本
本州最北端的温泉乡
有猫咪等待着的旅馆

猫女将
小点

从墙壁中突然出现的猫女将

一旦来到日本本州最北端的温泉街下风吕，你就会感受到飘荡在空气中的硫磺味道。绿荫环绕的下风吕的高地上有着被清凉空气所包围的若宫稻荷神社。在神社境内俯视宁静的小镇，色彩缤纷的民居让人产生了置身异国的错觉，向远眺望又可以看到那宽广无边的太平洋。是一个可以享受海风吹拂，给人带来好心情的地方。

从下风吕的巴士站步行不远便可以到达大众浴场“大汤”，在那前面就是开业于明治20年（1887年）的旅馆老店“丸本旅馆”。想到这里所拥有的历史，就忍不住去想究竟有过多少旅客来到这里，而那之后他们又各自经历过些什么。在这里不仅有温泉有美食，还有一只拥有15年猫女将资历的奶牛猫，虽然以猫来说已经是高龄，但是依旧精神饱满地为招呼客人而活跃着。

小点（TEN）是在某一天突然出现在旅馆里的，而且是从墙壁中出现的。“当时从墙壁中听到了‘喵喵’的叫声，然后我们就找来了木匠将墙壁扒开，结果就看到年幼的小点缩在里面。”从那以后，本来是爱犬一族的老板娘将鼻子下面有一颗“黑痣”的奶牛猫取名为“小点”，并将它留在了旅馆里。老板娘笑着表示，“现在已经完全从爱犬一族变成爱猫人士了”。小点可爱的性格和美丽的黄绿色眼睛正是它的魅力所在。

在我造访之后，小点似乎没用多少时间便判定出了我是怎样的客人。在保持了一段时间的距离之后，它终于愿意和我一起在窗边晒着太阳度过那安乐的时光。当到了我要回去的时候，小点还来到玄关目送我的离开。真不愧是有着15年资历的猫女将，深知爱猫游客的内心想法啊。

待到客人要离开的时候，小点会来到玄关目送，仿佛在细心地寒暄着"要再来喵"，真不愧是有着15年资历的猫女将。

老板娘和小点。曾经原本是爱犬一族的老板娘，现在则完全变成了爱猫人士

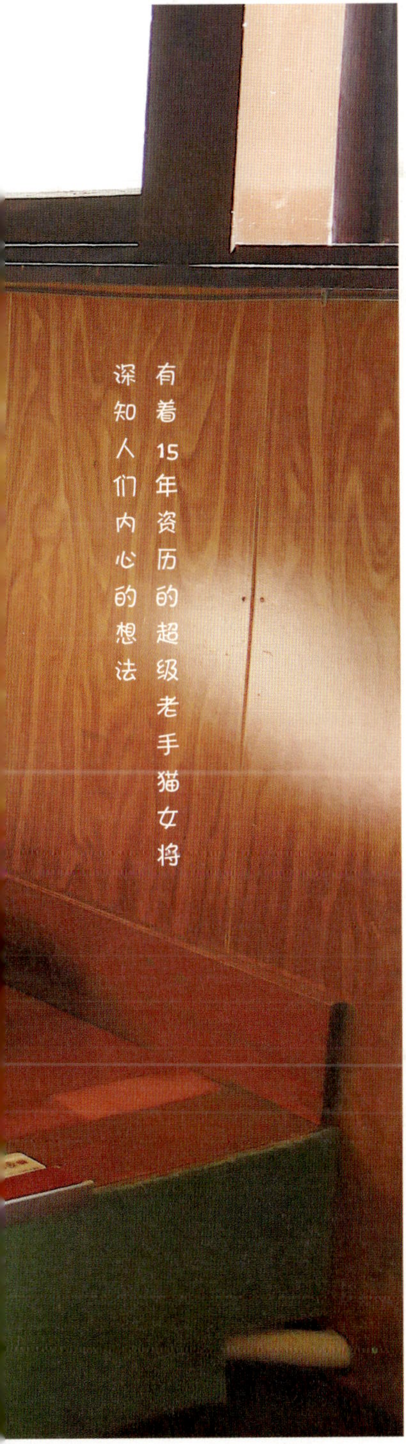

有着15年资历的超级老手猫女将
深知人们内心的想法

从这里往上可以看到高处的神社，这个窗边也是小点最喜欢的晒太阳场所

美丽的黄绿色眼睛极具魅力。甚至会有客人将拍下的小点的照片装入相框中送人。当摄影模特也是猫女将的工作

小点正很舒服地睡着觉，担任猫女将的工作已经有15年，适度的休息也是十分必要的

猫女将资历
15年
品种
奶牛猫
性格
文静、怕羞
住宿中遭遇概率
🐾🐾🐾
备忘录
旅馆里可以晒到太阳的地方会比较容易遇到

丸本旅馆

㊟：039-4501
青森县下北郡风间浦村下风吕113
☎：0175-36-2330
Ⓗ：Phttp://maruhonryokan.com/

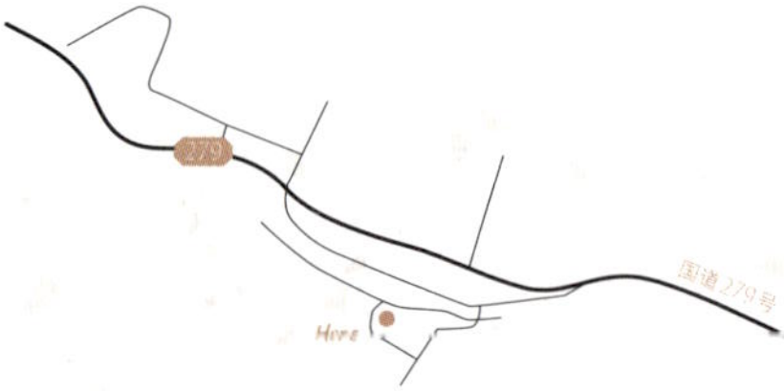

有猫员工迎接的旅馆

旅馆内外都是亲近人的猫咪，它们表面看起来都是自由自在地生活着，
其实都会很认真地完成陪同客人的工作。
一百只猫咪便有一百种可爱，下面我将会为大家介绍有着这些可爱猫咪的旅馆。

东京都 伊豆大岛

Island Star House

聚集了爱撒娇猫咪们的林中秘密基地

猫咪员工
喵太郎、西罗、特诺尔、黑太、班科等

旅馆的露台是猫咪们的乐园，在这里陪客人们一起放松、玩耍是它们的工作

猫咪们在地面仿佛有着层层波纹的庭院里度过属于各自的时光

这是我拜托老板帮拍的一张照片，照片中我正和喵太郎在凉台一起悠闲地打发时间

这些猫咪很清楚怎么让爱猫人士感到开心

旅馆的车顶是猫咪们喜爱的场所

猫咪们和老板在森林中的秘密基地里静静地等待着客人的到来

守护秘密基地的猫咪员工小队

从东京的竹芝栈桥乘坐东海汽船约2个小时，便可以到达作为伊豆七岛玄关口的大岛。港口的风中充满了大自然的气息，耳边听着海浪拍打岸边的声音和鸟儿的叫声，你会很明显地感觉到自己的身体逐渐放松下来。

在大岛最北端的森林中，悄然伫立着一家旅馆。在这里，到了夜晚没有户外灯光的干扰，你可以看到漫天繁星闪烁，如此清晰，仿佛随时都可能坠落一般。所以这家旅馆起名为“Island Star House”，就是取“小岛的星之家”之意。老板花费数年时间自己动手将空屋进行改造，使这个秘密基地充满了温暖的感觉。

在老板进行改建工作中的某一天，院子里出现了一只黑白花纹的小奶猫。那个时候似乎还有点“厌猫”的老板开始叫这只可爱的奶猫小女孩为“喵太郎”，不知道从什么时候开始，一人一猫变成了一起改造秘密基地的重要搭档。最终，喵太郎带着自己的孩子住进了这里，变成了猫咪大家庭。

在凉台上悠哉度日的猫咪们俨然一副旅馆主人的样子，但是如果有客人来到这里，它们立刻又会尽可能地发出撒娇的叫声靠近你。这些是猫咪们接待爱猫人士客人时候的杀手锏，而奖励就是老板特别准备的脆脆猫饭以及客人提供的小零食。

院子里地面上的石子铺成了波浪纹的花纹，到了傍晚，猫咪们会聚集到这里度过一段舒适放松的时光，那个样子看起来仿佛是一只只猫咪在波浪中沉浮。不久之后，月亮和最亮的那颗星星开始在猫咪们的头顶上闪耀起来。

在凉台上悠闲地度过时光的猫咪员工

旅馆的营业部长喵太郎，是那些最爱老板的猫咪们的妈妈

正一脸撒娇地看着镜头的特诺尔（TENA-）

生活在大自然里
治愈人心的猫咪家庭

正在熟睡的班科（BANKO）（左）和黑太（KURO太），两只都是稳重又我行我素的性格

在入口处是躺着的班科和伊豆大岛的猫咪女孩玩偶
（穿着小岛传统服装的猫咪摆饰）

身体机能在猫咪员工中出类拔萃的西罗（SHIRO）

猫咪员工雇佣历史

3年

品种

奶牛猫、虎斑猫、黑猫

性格

全都很粘人

住宿中遭遇概率

🐾🐾🐾🐾

备忘录

总是出现在旅馆的凉台上

Island Star House

㊟：100-0102
东京都大岛町冈田新开287-21
☎：090-9100-1421
Ⓗ：http://island-star-house.com/

在接待处的猫咪员工茶姜正在用最可爱的姿势表示着“欢迎光临喵~”

静冈县 东伊豆町

Auberge

近30年都有猫咪常驻的温暖的隐居之处

猫咪员工
苏苏、霍普、小尾、朗、莫可等

不论早晚，猫咪员工随时准备接待客人

猫咪在柜台上走过的身影仿佛是一幅画

铺着红色绒布地毯的楼梯与猫咪们特别相称

看到窗边猫咪与老板一家之间温馨的一幕，连客人也会感到高兴

默默传承的Auberge猫咪员工服务

从东京乘坐特快踊子号2个小时左右，便可以到达临近美丽太平洋的伊豆热川，这里的风中飘荡着热气，可以很明显地感受到温泉街独特的风情。眺望漂浮于太平洋上的伊豆七岛，透明度极高的美丽海水让人忍不住想在其中畅游。另外，这里利用温泉的热度饲养着来自世界各国鳄鱼的香蕉鳄鱼园等景点也吸引着各地游客前来度假。

离开热闹的温泉街，向着幽静的森林走去，你会发现一个隐居避世的好去处，那就是Auberge。所谓Auberge就是指“可以住的餐厅”，从这个旅馆的名字我们可以看出老板对自家的料理十分有信心。老板曾在东京经营餐厅20年，之后毅然决然地举家搬迁来到伊豆热川，到现在已经有近30年的时间了。在家庭式经营的温馨空间里，客人会在一瞬间得到治愈。而且你会受到在屋外生活的众多猫咪的热情欢迎，来到这里你将可以沉浸在这平时无法体验到的喜悦中。在这儿，你会24小时被猫咪所包围！

老板说：“曾经有过那么一段时间，猫咪员工的服务几乎中断，就在这个时候苏苏（SU-）从竹林中出现了。”至今为止，这段略显漫长的岁月里，有100只以上的猫咪在这里生活过，每只猫都有属于它的独特之处。当老板将这些猫的故事讲述给客人听的时候，客人都会十分专注地倾听。

当我返回自己的房间的时候，发现白色虎斑猫霍普来找我玩了。

霍普喵喵地叫着，仿佛在说：“刚刚妈妈是跟客人聊了霍普和小伙伴们的事情喵？是什么喵？霍普也想知道喵~”

椅子或者地板，猫咪们有自己喜欢的休息场所

最喜欢晒太阳的朗（RON）

在漂亮的旅馆里像画一样的猫咪员工们

白色的小尾（SHIPPONA）有着一身柔顺的毛皮

屁股毛绒绒的它走路时的背影俘获了无数住客

还有着一双异色美瞳

曾经在竹林中迷路的苏苏现在已经是大家的奶奶&妈妈了，
它很喜欢待在柜台内侧

在盛开着美丽花草的露台上聚集着负责外勤工作（疗愈小队）的猫咪们

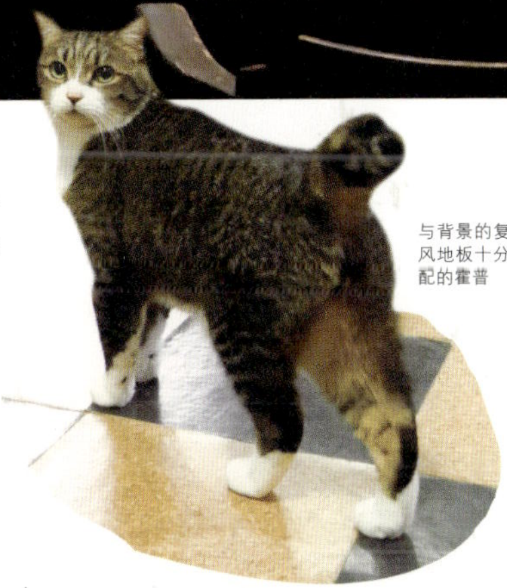

与背景的复古风地板十分搭配的霍普

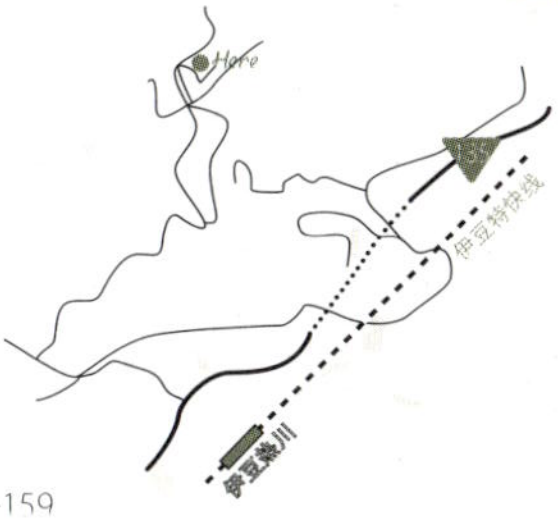

猫咪员工雇佣历史
13年

品种
虎斑猫、黑猫、白猫

性格
多为闲散的性格

住宿中遭遇概率

备忘录
旅馆中、阳台上，都可以遇到可爱的猫咪

Auberge

住：413-0302
静冈县贺茂郡东伊豆町奈良木1434-159
三菱地所别墅地“度假公园ATAGAWA”内
☎：0557-23-5025
H：http://www.aub-hasebe.com/
※朗和苏苏已经于2017年去世了

接待和带路都十分热情的猫咪们

这里是京都的东山，是有着充满了历史风情街道的祇园地区。清水寺的清水舞台、八坂神社的祇园祭、祇山公园的赏樱名所、宫川町别有风情的小径等，这些地方现在都已经成了京都的代名词，这里也因为会聚了这些旅游胜地而总是充满了前来观光的游客，所以十分热闹。

在靠近这些地方的祇园白川却有一条仿佛避开了喧嚣的古美术街，在这里你可以感受到时光静静地流淌。不论是国外来的游客，还是独自旅行的日本女性，都可以在一家叫作“舒心INN”的招待所里获得舒适的体验。在这里你可以体验到过去商铺的风情，而对于爱猫人士来说，这家旅馆最大的优点莫过于有猫咪接待了。猫咪员工黑白花纹的小玉（TAMA）和虎斑猫的小咪（MI-）随时准备接待前来住宿的旅客。

老板将商铺转型成招待所差不多过了1年的时候，将出生刚3个月的小玉接到了旅馆里。之后，不知道从什么时候开始，原本是野猫的小咪也在这家旅馆住了下来，现在它们俩已经是可以很好地完成工作的合格员工了。它们会时不时访问客房，检查和询问客人是否有觉得不满意的地方，而这就是它们的工作。如果遇到喜欢猫咪的客人，它们还会留下来陪伴客人睡觉，这也是猫咪员工工作的一环。

到了自由活动时间，小玉和小咪则会和它们最喜欢的老板一同外出。老板说：“我们啊，经常会一起去附近的白川那里散步哦。”明明不远处就是京都最大的繁华街，这家旅馆周边却流淌着完全不一样的宁静时光。

京都府 京都市

舒心INN

猫咪就是接待员
充满情趣的商铺旅馆

猫女将
小玉、小咪

小玉和小咪在接待客人的时间
以外也总是喜欢在一起休息

小玉向我介绍镜子的位置，仿佛在用那天真的眼神说“这里可以看到我的样子喵”

在旅馆中巡逻的小玉是很亲近人的性格，它主要负责和客人的交流

个性怕生的小咪偶尔也会来到客房，很努力地招待客人

在欢迎会上严阵以待的小玉和小咪。小玉经常会因为小咪的挑衅而生气，而这可爱的场面让人忍俊不禁

猫咪员工雇佣历史

5年

品种

奶牛猫、虎斑猫

性格

我行我素但沉稳

住宿中遭遇概率

🐾🐾🐾🐾

备忘录

事先确认欢迎会的时间！

舒心INN

㊟：605-0064

京都府京都市 京都市东山区梅元町251

☎：075-202-4132

Ⓗ：http://kirakuya-kyoto.com/

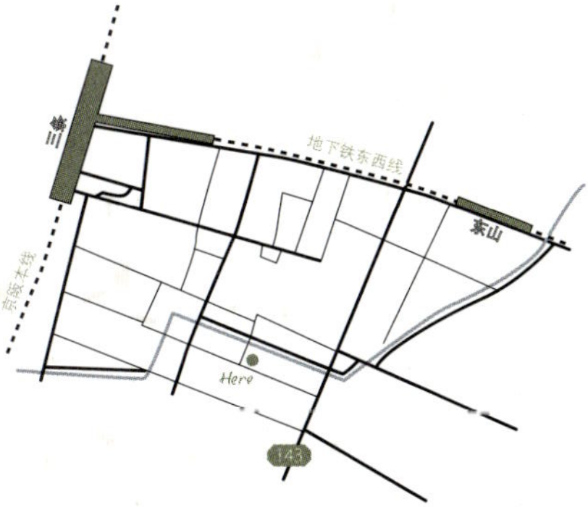

在你眺望大海度过娴静时光的同时，身边还陪伴着猫咪小队

从长崎县佐世保的港口出发，乘坐高速船行驶约1个半小时，便可以到达五岛列岛北部的小值贺岛。因为全岛周长35千米加上岛内景点颇多，所以来到这里的游客一般会租车或者租自行车进行环岛游览。在柿之滨海水浴场你可以在碧蓝的海水退去之后看到美丽的火山岩，在临近大海的山丘上你又可以发现神秘的白色鸟居，再继续行进下去你会看到据说是日本最大的风穴等各种景点。这座岛民口中"什么都没有"的小岛简直充满了令人难以置信的魅力。

对爱猫人士来说，这座岛最大的魅力便是岛上有许多猫咪。

从渡轮停泊的笛吹港出发，步行10分钟左右，走过一段上坡路，便可以到达一家叫作"御缘"的当地岛宿。这里充满了家庭式经营带来的温馨气息，大量使用岛上的食材所制作的料理也是这家旅馆的魅力所在。当你到达旅馆的时候，和旅馆主人一起定期居住在这里的外国人员工以及院子里的猫咪都会前来迎接。

2年前，旅馆收留了一只野猫，那之后又出现了别的猫咪，并且开始不断增加。"然后感觉来住宿的客人也增加了。"旅馆的主人回忆道。看来这些猫咪真的像老板所说的那样，是"招财猫"呢。

在地处高地的旅馆的阳台上可以一览笛吹港的美景，海面上船只交错航行，港口是悠闲的小值贺岛岛民们。猫咪们也同样在这里每天眺望着这些"日常"，在接待新客人的同时疗愈已经住宿客人的心灵。

长崎县 ⓜ 小值贺岛

御 缘

在海风吹拂过的高地上
有“招财猫”们聚集的岛宿

猫女将
小樱、噗咔、皮皮、香蕉等

旅馆的厨房外面也是猫咪员工们聚集的场所。它们仿佛正聚在一起猜测今天的奖励（猫粮）会是什么呢

和客人一起
眺望大海也是工作

香蕉（BANANA）和噗咔（PUKA），虽然都是我行我素的性格，但是也有在努力地接待客人

猫咪员工中最亲近人的桃子（PI-CHI），特别擅长接待前来住宿的客人

猫咪员工雇佣历史 ------
1年
品种 ------
虎斑猫、黑猫
性格 ------
大方和我行我素
住宿中遭遇概率 ------
🐾🐾🐾🐾
备忘录 ------
旅馆的阳台和院子总是可以见到猫咪的身影

正在地上心情很好地打滚的小樱（SAKURA）亲近人又有点儿我行我素

御缘

㊟：857-4701
长崎县北松浦郡小值贺町 笛吹号1359-1
☎：0959-56-2588
Ⓗ：http://www.shimayadogoen.com/

藏身于渔夫旅馆悄悄工作的猫咪员工们

小值贺岛位于长崎县五岛列岛的北端。在这个受到美丽大自然所眷顾的小岛上，随处可见具有怀旧风情的景色。在这座岛上没有便利店，居住在这里的岛民自古以来便是通过以物易物的方式进行交易，交换蔬菜、鱼等物品达到自给自足的生活。而这种纯朴的乡村感觉给前来这里旅游的人们带来了心灵上的疗愈。

在从笛吹港到高地的坡道附近，有一家渔夫经营的民宿千代。有着温柔笑容的老板娘会用渔夫老板所捕获的新鲜鱼类制作成美味的料理款待客人。而在这里投宿的客人会围坐在餐桌旁，品尝着丰盛的料理，气氛就仿佛回到了自己的老家一样轻松自在。

而一起享用美味料理的还有生活在旅馆的猫咪们，它们是有着美丽蓝色眼睛的西罗（SHIRO）和有着旋涡状花纹的虎之助（TORANOSUKE）。它们是隐藏在旅馆中的猫咪员工，只会出现在爱猫人士的客人面前，还会很热心地询问："今天老板捕的鱼好吃喵？"原本讨厌猫咪的老板在这两只猫来了之后性情大变，对猫咪的态度也有了180°的大转变。老板娘笑着说："旅馆里有了猫之后，老公也变得比之前温柔多了。"看来猫咪员工不但可以疗愈旅馆的客人，更可以疗愈身边的家人，真的是十分重要呢。

长崎县 ⊡ 小值贺岛

千代

蓝色眼睛和旋涡花纹的猫咪们
充满温情的隐蔽旅馆

猫女将
西罗、
虎之助

有着美丽蓝色眼睛的西罗和花纹十分个性的虎之助是好朋友

NEKO STAFF

只要爱猫的客人一到，猫咪们立刻进入工作模式！

两只猫在旅馆周围巡逻的时候也会一起行动，仿佛在说“没有发现异常”

两只猫都最喜欢温柔的老板娘，还会追到旅馆外面一起玩耍

在旅馆前面等待客人的两只猫，虽然有点任性，但是依然会好好地完成猫咪员工的工作

虎之助正在整理身体上的猫毛，准备一会儿去迎接客人

猫咪员工雇佣历史

2年

品种

白青花（日本的杂种猫，因花纹像青花鱼而得名）、狸花猫

性格

自由自在、我行我素

住宿中遭遇概率

🐾🐾🐾🐾

备忘录

平时会在老板娘的房间里，拜托老板娘的话就有可能见到

千代

㊞：857-4701
长崎县北松浦郡小值贺町笛吹乡1358-6
☎：0959-56-2867
Ⓗ：http://ojikajima.jp/travel/tomaru/604.html

福冈县 北九州市

千望庄

在猫咪的身边观赏关门海峡柠檬黄色的旅馆

猫女将
酷比、咪咪

在旅馆里迎接客人的酷比（KUBBI-）和咪咪（MIMI）从出生后不久就开始了猫咪员工的工作生涯，到今年已是第12个年头，完全是这一行里的老手了

在视线良好的高处招呼客人的猫咪员工

福冈县北九州市位于九州的最北端，面对着关门海峡。门司区的和布刈与对岸的山口县下关市的坛之浦相距只有600米左右。漫步于残留有大量大正时代和昭和时代建筑的门司港复古街（古建筑与复古风建筑相融合的观光地），感受着周围的怀旧风情，仿佛时光倒流经历了一场穿越之旅。再乘车20分钟左右，沿着关门海峡奔驰，可以看到仿照中国唐朝风格建造的小仓城的美丽天守阁。之后再从那里驾车行驶15分钟左右便可以到达户畑区。

从户畑车站向着高地一直行进，便可以看到一家柠檬黄色的可爱旅馆。从这里可以一览关门海峡以及连接户畑区和若松区的红色若户大桥。而你的脚边还会聚集着可爱的猫咪们。

12年前，母猫将小奶猫们放到了旅馆门前。虽然当时老板娘并不擅长应付猫咪，但是还是劝说老板将猫咪们留在旅馆一起生活。老板娘十分开心地说："自从猫咪们来了以后，旅馆的气氛完全变了，还有了许多专门为见酷比和咪咪而来的客人。"

在餐厅的椅子上呼呼大睡的酷比、最喜欢被老板娘抱着的咪咪以及因为经常在屋外巡逻而很少可以看到身影的小胖，这些可爱的猫咪员工在这里愉快地生活着，并且等待着客人们的到来。我觉得在它们心里一定想着："客人要是来了的话，一定要带他们去视线最好的房间欣赏风景喵。"

很在意对方在做什么的酷比和咪咪，仿佛在低声交谈着：“客人来了没有喵？”

翻滚到客人身边开始了接待的工作

有点冒冒失失的酷比。因为已经习惯了和人相处，所以在客人面前应对十分得体。悠闲地躺在客人旁边，有时候甚至会就这样睡着

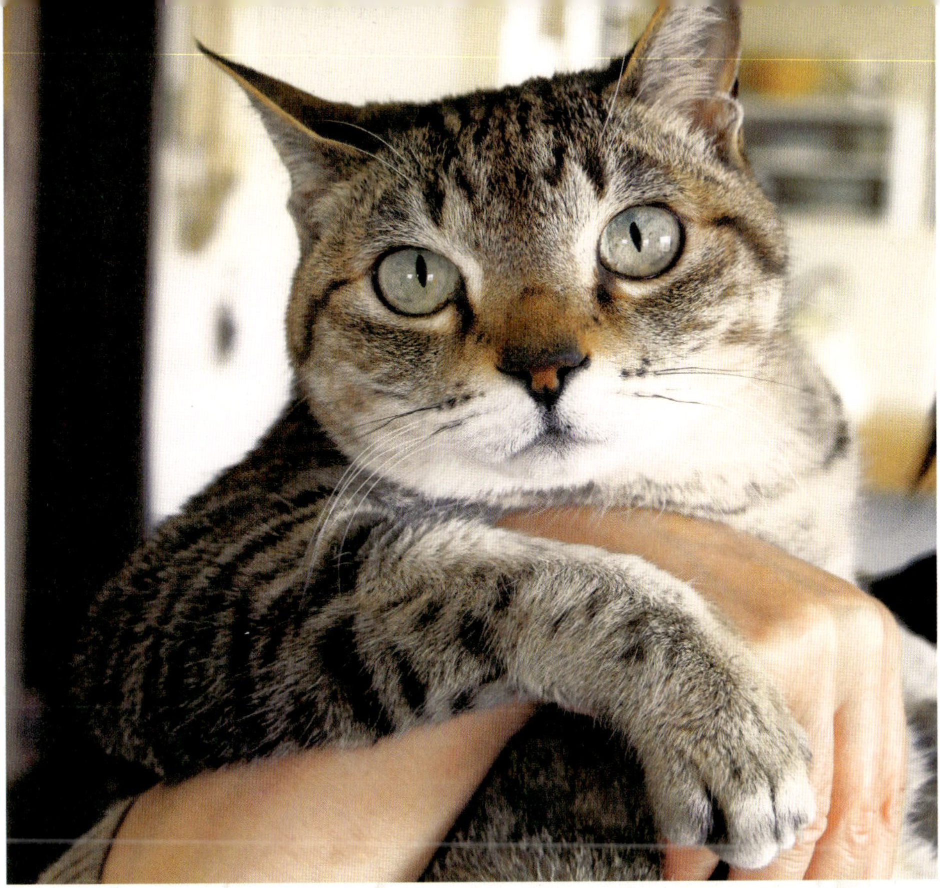

咪咪最喜欢被老板娘抱着或者是趴在老板娘的膝盖上撒娇了

呼呼熟睡的样子让客人忍不住跟着困了起来

猫咪员工雇佣历史

12年

品种

黑猫、虎斑猫

性格

自由自在、我行我素

住宿中遭遇概率

备忘录

可能会在餐厅里滚来滚去

千望庄

住：804-0053

福冈县北九州市户畑区牧山2丁目5-9

☎：093-871-6991

H：http://www5e.biglobe.ne.jp/-senbou/

山梨县 ♨ 富士河口湖町

Blue Poppy

地处富士山脚下的别墅 这里是有着软乎乎猫咪的乐园

猫女将
小福、小樱、威利、玛丽、小堇、小栗、小花等

玛丽（MARI-）正躺在摆放在窗边它喜爱的摇篮里晒着太阳

要不要住在这里尝试一下如何融入猫咪的社会？

给人带来疗愈的童话王国中的妖精们

从东京乘车大约2小时，便可以到达能够看到巍峨的富士山的河口湖。富士山的外观会随着四季的变换而千姿百态，而映入湖中的倒影亦是如此。因此这里一年到头都聚集着前来观光的游客，是非常著名的旅游胜地。

乘坐汽车驶过河口湖大桥，只需要10分钟左右便可以进入到有着清凉空气的森林之中，抵达河口湖的小村庄。在那里，有一家仿佛童话故事中才会出现的可爱简易旅馆“蓝莓（Blue Poppy）”。玫瑰等花草在这家旅馆的庭院中盛开，穿过这些美丽的植物来到旅馆的玄关处，你会发现居住于森林中的妖精正在那里等着你……原来是有着可爱脸庞的猫咪。在得到“欢迎光临”的邀请之后，进入到建筑物中，你会惊讶地发现原来内部的装潢也充满了梦幻的气息，完全是屋外童话王国的延续。

在这里生活的猫咪以有着蓬松的长毛猫居多。这里目前共有7只猫咪，全部自由地生活在这间旅馆中，并且在各自喜爱的场所招呼客人。老板表示，旅馆也可以带客人自己饲养的猫咪一同入住。

老板夫妇从过去就一直有饲养猫咪，他们觉得猫咪的生活方式、野外生存能力和潜在能力全部都很了不起。31年前从东京移居至河口湖，在刚开始经营简易旅馆的时候还只有1只猫。在那之后，他们又不断从卫生站接回一些猫咪，现在常年保持在7~8只的样子。“这里也有许多因为自己的爱猫去世感到孤独寂寞而前来寻求疗愈，平复心灵上的创伤的客人”。

获得了老板的救助幸福地生活在这里的猫咪们现在成为了这里的猫咪员工，在这里，它们成为了疗愈老板夫妇和众多客人的重要存在。

“我回来了喵~”“欢迎回来喵~”，猫咪之间友好地交流着

特别喜欢在客房里休息的猫咪们，仿佛在问：“今晚要不要一起睡喵？”

屋外玛丽和小花（HANA）正在头碰头地打着招呼

24小时不间断地接待客人

来自东京赤坂寺庙的小福（FUKU），是喜欢招呼客人的人气猫咪

通过可爱的娃娃脸疗愈客人的部长小樱，会在玄关静静地等待着客人，有着认真的一面

有着20岁高龄的BOSS猫威利（UIRI-），虽然性格温柔，但是如果有野猫来犯便会以勇猛的姿态将其击退

虎斑纹的小栗（KURI）有着蓬松的毛，是一名狩猎能手，喜欢在客房里睡觉

性情豪放的母猫玛丽曾经是横滨的野猫。虽然据说当初一点都不亲近人，但是现在和老板夫妻已经感情非常好了

和小福一样都是来自于赤坂的小花，为了更加接近敬仰的小福前辈每天都在努力修行中

性格自由自在的三花猫小堇（SUMIRE）
基本都在户外玩耍

猫咪员工雇佣历史

18年

品种

苏格兰折耳猫、三花猫、挪威森林猫

性格

我行我素、亲近人

住宿中遭遇概率

🐾🐾🐾🐾

备忘录

旅馆内外都有猫咪员工在随时待机！

Blue Poppy

住：401-0305
山梨县南都留郡富士河口湖町大石2123-87
☎：0555-76-8277
H：http://www.bluepoppy.co.jp/

大分县 由布市

LES-BEAUX

适合爱猫人士的猫旅馆

猫女将
对眼儿、巧比、大和等

猫咪员工们用心欢迎那些“为了见猫咪而来”的客人

位于大分县中部，有一条极具魅力的街道——汤布院，那里的温泉有着美丽的淡蓝色。据说“东有轻井泽，西有汤布院”，尤其是近些年，在女性和外国游客中十分具有人气，时尚土产店和餐厅里总是挤满了观光客。这里被大自然所环绕，可以看到四季变换的优美风景。特别是作为大分川的源头之一的金鳞湖上的晨雾，充满了梦幻。

距离汤布院的街区稍远一点的地方，有一家可爱的旅馆。这里是聚集了日本全国各地爱猫人士的著名旅馆“LES-BEAUX”。10年前旅馆的主人将自己饲养的猫咪巧比作为旅馆的猫咪员工来接待客人，这一举动受到了爱猫人士的极大欢迎。从那以后，老板将野猫带回旅馆与巧比一起接待客人，现在旅馆中已经有8只猫咪员工了。

不论哪只猫咪都十分能干，它们会轮流拜访客人的房间，并且不忘关心客人的感觉——“贵安，您的房间住得如何喵？”到了夜晚，又会有陪同客人入睡的猫咪员工，有时候会听到客人在回去的时候很兴奋地说：“今天和5只小猫一起睡觉了”。可以直接从房间里来到阳台上，猫咪们也可以很自由地穿梭于屋内和屋外。

现在的招牌猫咪员工是对眼儿（YORI男），据说这只猫的妈妈原本是只野猫。因为它继承了它妈妈“小对眼儿”的对眼特征，所以也应该沿袭这个名字，于是给它起名“对眼儿”。到了傍晚，为了迎接今天将会到来的客人，作为旅馆中猫咪员工的招牌猫，对眼儿都会蹲坐在玄关前静静等候。

招牌猫咪员工对眼儿会像这样蹲坐在入口处等候着当天客人的到来，是一只非常懂事的猫咪

在室内招呼客人的对眼儿，其实它是一只非常爱撒娇的猫咪

抓住了爱猫人心的杀手锏

性格成熟的巧比正以一种放松展示的姿态进行着它的工作

具有男子汉气概的大和(YAMATO)，因为很喜欢散步，所以最拿手的工作便是和客人在户外玩耍

大和正在旅馆内走廊的正中央迎接客人，有时候还会来到客房玩耍

猫咪可以自由地来往于室内和阳台

猫咪员工雇佣历史

10年

品种

虎斑猫、黑猫、奶牛猫

性格

亲近人

住宿中遭遇概率

🐾🐾🐾🐾

备忘录

现在有8只猫咪员工

LES-BEAUX

住：879-5114

大分县由布市汤布院町川北899-139

☎：0977-84-5817

H：https://www.facebook.com/yufuinlesbeaux

http://maidokawashima.wix.com/aubergelesbeaux（只可PC端浏览）

香川县 ⓜ 赞岐广岛

昼猫

早晨和猫咪在走廊玩耍，傍晚和猫咪一起散步
宁静村落中的古老民宿

猫女将
茶茶丸、小古、小渡等

傍晚出去遛狗的时候猫咪也会同行

从香川县的丸龟港乘坐30分钟的渡轮，便可以到达濑户内海诸岛中面积最大、人口不到200人的赞岐广岛。很久以前，在海上贸易盛行的时候这里是交通枢纽，聚集着众多驳船批发商、北前船的水手、造船工人。另一方面，又因为岛上有着数个采石场，特别是一种叫作青木石的青色花岗岩是丰臣秀吉建造大阪城时所使用的材料，从那以后便作为"石之岛"被记载于日本历史之中。

赞岐广岛的沿海地区有7处村落，其中一处叫作茂浦的小村落很好地保存了古老的氛围。在这个人口不到20人的宁静村落里，并列着许多古老的民居，你会在这里遇到在小路中央打盹儿的猫咪们。

到了傍晚的时候，管理着招待所"昼猫"的夫妇会带着茶色虎斑猫茶茶丸以及黑猫小古（GU-）一起遛狗。这两只猫散步的时候完全跟小狗一样，仿佛根本不知道它们自己是猫一般，有时候在前方领路，有时候又会悠闲地走在主人身后。但是也有时候它们会像是普通的猫咪一样，被空中飞舞的蝴蝶吸引住目光，停下散步的步伐。这时候狗狗们就会流露出一脸无奈的样子，仿佛在说："哎呀，真是的，这明明是我们的散步时间啊。"

4年前，曾被闲置了30年的空屋在志愿者的合作和努力下被改造成了旅馆。而管理着这家旅馆的夫妇就住在"昼猫"的正对面。你可以看到茶茶丸、小古，以及叫作"我"（WATASHI）的猫咪们不断往返于旅馆和这间房子之间。当客人来的时候，它们会说着"欢迎光临喵"迎接客人，当客人离开的时候，它们又会说着"要再来喵"送走客人。

早上起来的时候，你会发现猫咪正舒适地躺在走廊的地板上睡觉。住在这里，你会觉得比起旅行，更像是回到了老家，充满了像是住在外婆家时的安心感。那么，今天也和猫咪们一起去遛狗吧。

要不要也一起去散步呀？

茶茶丸和小古每天都会和旅馆的夫妇一起去遛狗，但是经常会偷跑绕路

好奇心旺盛的茶茶丸和性格沉稳的我（猫的名字）正在旅馆的周围进行巡逻

别以为茶茶丸是在玩耍，这可是在招待客人，快看它正开启认真模式挥出了一记猫拳

茶茶丸似乎正在思考着："今天来的会是什么样的客人喵？"

猫咪员工雇佣历史

2年

品种

茶色虎斑猫、黑猫

性格

亲近人、好奇心旺盛

住宿中遭遇概率

🐾🐾🐾🐾

备忘录

只要跟旅馆的老板夫妇打过招呼便可以一同去遛狗

昼猫

㊟：763-0101

香川县丸龟市广岛町茂浦56

☎：0877-29-2734

Ⓗ：无

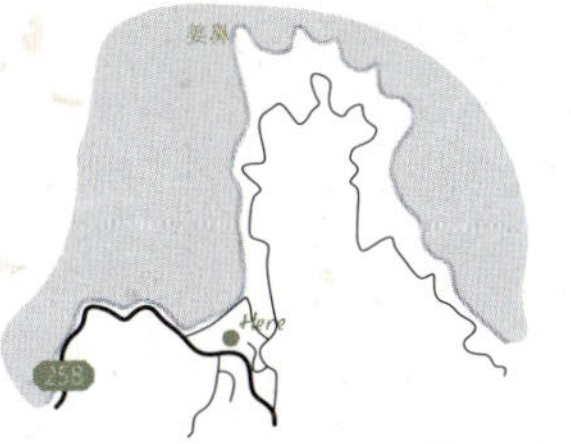

山形县 ♨ 白布温泉

西屋

享受温泉和猫咪的招待

从江户时代延续至今的茅草屋顶的山间旅馆

猫咪员工

隐田、神乐

猫咪员工隐田和神乐在上午一定会来到前厅，目送那些正要离开的客人。

只在早晨限定时间里工作的猫咪员工

在山形县米泽市南部，吾妻山的半山腰，海拔约850米的位置，有着超过700年历史的白布温泉。自江户时代开始便是温泉疗养的圣地，与福岛的高汤温泉、山形的藏王温泉一起并列为奥州的三大温泉。白布温泉街静静地在有着明媚风光的山间营业着，像是天然险峻山间中的一块绿洲，是给众多游客带来安宁和疗愈的场所。

这里还保有在过去才能见到的使用茅草制成屋顶的旅馆，据说这家叫作西屋的旅馆创建至今已经超过700年了。傍晚时分，在柔和的夕阳下，我仿佛置身于日本的古老传说之中。在江户时代所建造的汤泷浴场所使用的材料是吾妻山的御影石，并且一直使用到今天。在前厅的围炉里和其他游客一起闲聊，相信这样的光景一定也有从几百年前开始延续至今。不过最近猫咪也会来到一旁共同度过这一美好的时光。

奶牛猫隐田和虎斑白猫神乐，这两只猫都有在作为旅馆的猫咪员工工作着，到了早上它们便会来到前厅，目送那些即将离开的客人。它们是在还是小奶猫的时候被年轻的老板娘从福岛市带回来的。"因为是跟我们家的孩子一起养大的，所以特别亲近人，面对客人的时候也可以十分自如地卖萌接待。"

在我准备回家的时候，这里的猫咪员工们也有很好地前来目送我。在它们说完"再来喵"之后，我忍不住摸了摸猫咪可爱的脸，然后同样住在这家旅馆的几名孩子也来到了前厅，并且包围住猫咪嚷嚷着"我也想摸我也想摸！"猫咪看了我一眼，仿佛在说，"那么再见喵。现在我要去接待这些客人了喵"，然后用它的全身去迎接孩子们伸出来的小手。

不论是面对大人还是小孩，
猫咪员工们都会尽心服务

短暂的休息时间结束，猫咪员工们又
开始了在旅馆里的巡逻

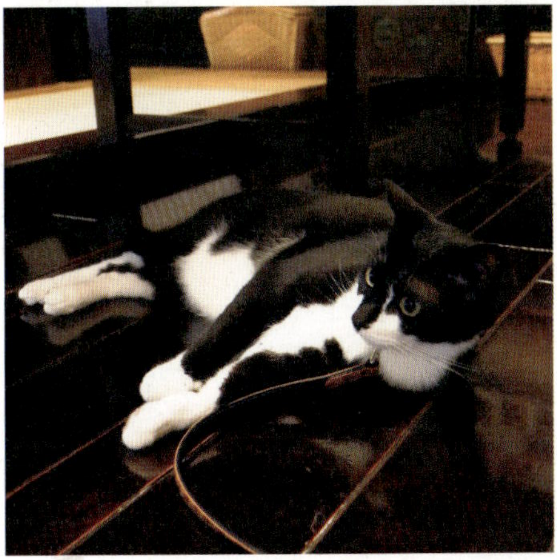

虽然是稍微有些怕生的性格，但是隐田还是会很认真地在前厅接待客人

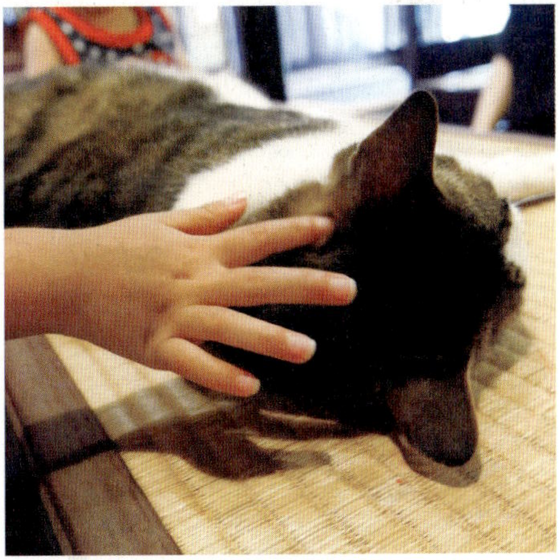

亲近人的神乐很快便忙于接待客人的孩子

在前厅放松的神乐

神乐在小时候因为身体虚弱，所以是众多猫兄弟中体型最小的那一只，现在已经长成最大的那一只了

猫咪员工雇佣历史

3年

品种

虎斑猫、奶牛猫

性格

擅长社交、我行我素

住宿中遭遇概率

🐾🐾🐾

备忘录

现在只有在上午大约1小时的时间待在前厅

西屋

㊟：992 1472
山形县米泽市关1527
☎：0238-55-2480
Ⓗ：http://nishiya-shirabu.jp/

老板娘的长子用深海鲨鱼的名字为这两只猫咪取名“神乐”和“隐田”，这是一对感情很好的猫兄弟

聚集了附近猫咪的温馨旅馆

并不是旅馆里所饲养的猫咪，而是从附近聚集而来的猫咪。
在这里的多是带有一些野性的猫咪，
可以看到更多属于猫咪天性的样子。
接下来将为大家介绍聚集了猫咪的旅馆。

鹿儿岛县 奄美大岛

宿狩

可以和猫咪一起散步到海边
女强人经营的平价民宿

邻居猫
坎迪

像所有的南国猫咪一样，这只猫咪很擅长爬树，并且可以很轻盈地从一根树枝跳到另一根树枝上！

和旅馆中的偶像猫咪在公共空间里交流

从东京乘坐飞机飞行大约2个小时，如果是从大阪的话则是需要大概1个半小时，便可以到达奄美大岛。因为这里有着亚热带地区特有的气候，所以可以看到红树林等热带植物枝繁叶茂地生长在这里，还可以看到九重葛盛开出可爱的粉色或者红色的花朵。来到这里的游客除了为参加冲浪、潜水等海上运动以外，也有不少游客是为了来观赏奄美的黑兔等稀有品种的天然纪念物。

从奄美机场驾车向西行驶约1个小时，便可以到达岛上最大的繁华街——奄美市名濑。从那里再向西大约15分钟，在穿过一座叫作朝仁新町的宁静村落之后，你会到达可以看到广阔大海的朝仁海水浴场。在这里，当地人和观光客一同度过安静舒适的时光。

在临近大海的地方，有一家色彩鲜艳有着蓝色外观的民宿。在这家有着充满活力的女强人老板娘的民宿里，房间与房间相邻，厨房、卫生间、起居室都是客人们共同使用。因为住宿费用便宜，所以聚集了许多来自日本各地的游客。

这里有一位在这几年为这家旅馆聚集了大量人气的偶像，它就是由常年在这里住宿，并且打算以后也长期留宿的女性客人所拥有的猫咪坎迪。当初是旅馆的老板娘在外出遛狗的时候捡到了这只猫咪，之后长期住在这家旅馆的一名女性将它养大。坎迪会在公共空间里悠闲地散步，与一同居住在这家旅馆的客人们打招呼，并且还会和客人一起玩自己最喜欢的球。在上午，它还会一直散步到朝仁海水浴场，并且和一路上遇到的人们打招呼，有时候还会爬上自己看上的树梢，向同行的客人展示它优雅的姿态。

被饲主的母亲抱着
在海边散步

藏身于[illegible]，难道是发现了什么喜欢的东西

一路散步至海边，可以发现它野性的一面

蹲坐在放置于海滩上的小船上，威风凛凛的样子充满了模特风范

非常喜欢玩球，仿佛在说着“来玩喵~”，邀请客人一起玩耍

坎迪总是待在旅馆的公共空间里，有时候会蹲在窗边，等待喜爱猫咪的客人和自己玩耍

透过帘子观察着屋外的动静。坎迪那蓬松的尾巴正是它最可爱的地方

会一直在隔壁房间
或者公共空间里晃悠

从楼梯下来便有可能和坎迪在公共空间的走廊上擦身而过

来到隔壁房间以后立马躺下，摆了一个可爱的姿势卖萌

猫咪的只数
1

性格
爱撒娇、我行我素

可以遇到的场所
宿狩2楼的公共空间

住宿中遭遇概率
🐾🐾🐾

备忘录
和旅馆的老板娘或者坎迪的饲主打声招呼便有机会看到坎迪

宿狩

住：894-0041
鹿儿岛县奄美市名濑朝仁新町3-13
☎：0997-52-5994
H：http：www4.synapse.ne.jp/yadokari/

长崎县 中通岛 若松岛

B & B

猫咪和旅行者的绿洲
萤火虫飞舞的山脚之家

邻居猫

无名猫

一只黑猫正在院子里享受日光浴，这里是野猫可以安心生活的乐园

喜爱独立的猫咪们的心灵根据地

长崎县五岛列岛之一的若松岛有一部分位于西海日本国立公园区域内，有着丰富的大自然资源。如果你前往位于小岛高地处的龙观山瞭望所的话，便可以将岛上各处的美景尽收眼底，包括了小岛复杂的沉降式海岸以及被绿色环绕的海湾，连接仲通岛和若松的白色若松濑户，在深蓝色的大海上航行的船只。最终太阳会落到大海的另一边，天空、大海、小岛全部都被染成了粉红色，带来了梦一般的景象。

如果想在若松岛上体验只有小岛才有的特色，可以前往叫作B&B的事务局，那里会提供民宿。不论你是想要钓鱼还是游览海滨，还是在田间收获蔬菜制作属于小岛的饭菜，你都可以与提供民宿的岛民们一起体验岛上的生活，感受岛上的风土人情。

B&B提供的民宿是一幢山茶花公馆。一到夏天，便可以在距离那里不远的小河边看到飞舞的萤火虫，光影交错，宛如梦幻。在栽种有枇杷树的庭院里，还有悄悄地生活在这里的野猫或者是被人丢弃的猫咪。虽然这些猫咪跟人都不太亲近，但是这里是它们可以觉得安心的地方，所以也会接受喂食。

拥有山茶花公馆的老板娘仿佛生活在老家的母亲或者亲戚一样，是一位非常亲切的阿姨，她还邀请我前去做客。所以，如果在这里住上一晚的话，就会忍不住想要再多住几天。我想这些猫咪应该也是同样的感觉。只要在这里住过一次，就会变得哪里都不想去了。

可以观察到猫咪的野性日常

正在屋顶上悠闲休息的猫咪

虽然和人不亲近，但是还是可以基本观察到猫咪社会的日常生活

因为曾经被人遗弃，所以给人一种很难再向人类敞开心扉的感觉

正在阳光明媚的地方晒太阳的黑猫

猫咪的只数

6~10

性格

具有野性，会和人保持距离

可以遇到的场所

招待所和院子里

住宿中遭遇概率

备忘录

很难摸到，但是还是可以靠近的

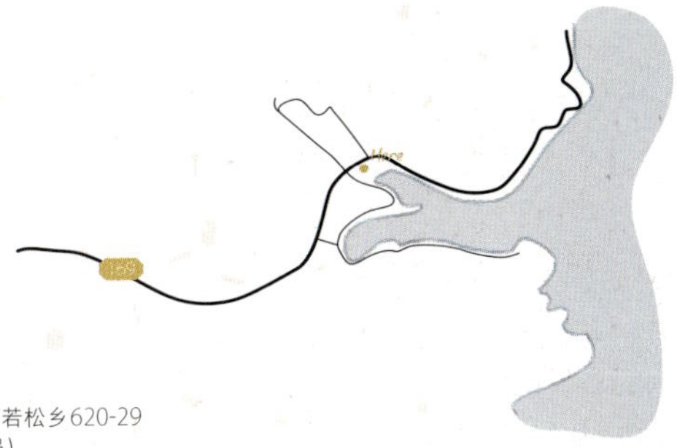

B&B

住：853-2301

长崎县南松浦郡新上五岛町若松乡620-29

☎：0959-46-2824（事务局）

H：http://www.gotorettobb.com/

爱媛县 ◎ 佐岛

汐见之家

邻居猫会在这里露脸
是有五右卫门风吕的古老民家旅馆

邻居猫
无名猫

邻居猫仿佛在说着“今天来的是哪位客人喵”探出了脑袋

岛并海道的东侧通过濑户内海的爱媛县艺予诸岛的各个岛屿，广岛县和爱媛县的边境分布着25座岛屿，在它们所组成的上岛町里，弓削岛、佐岛、生名岛又处于梦岛海道上。和岛并海道一样，虽然这3座岛屿都被海风所吹拂，但是还是有很多自行车爱好者会来到这里在飒爽的风中踏着他们的脚踏车。

在佐岛有一家使用差点成为废屋的古老民居改造的招待所——汐见之家。为了处理旧居，老板时隔30年再次造访了佐岛，被这里古老而又美丽的日式风格建筑所吸引，产生了再利用的想法。这处古老民居是为了故乡的父母和相当于老板的大伯的第一代日裔美国人罗伯特·汐见一同建造的。舶来品的小工具以及装饰品随处可见，日式风格和西洋风格交织在一起产生了不一样的美。而这家民居最具魅力的部分就是五右卫门风吕（铁锅澡盆）。住宿在这里的人使用柴火将从井打上来的水进行加热。泡在通过自己劳动所烧开的水中，不但疗愈了身心，还获得了至高的享受。

早晨，旅馆前的小路上会有猫咪出现。它们会停留在保持一定距离的位置跟你打招呼，“早上好喵”，那充满好奇心的样子，仿佛在打探今天来了什么样的客人投宿。猫咪会走进隔壁的房子，跟着人进去。于是就这样猫咪吃到了早饭，填饱了肚子。旅馆的负责人表示，“附近的猫咪经常会过来玩”。猫咪结束了早餐，心满意足地开始整理起自己的毛皮，看到这个情景我才察觉到自己的肚子饿了。

正在旅馆隔壁的院子里享用早餐的猫咪们

正从邻居家往旅馆走来的可爱小奶猫

"早上好喵"，附近的猫咪正在向我打招呼

早晨，附近的猫咪蹲坐在路旁向行人打招呼

“汐见先生家里经常会来很多人类呢，你是哪里来的喵？”食欲和好奇心都十分旺盛的猫咪

猫咪的只数

10~20

性格

虽然具有好奇心，但是对不认识的人抱有一定的警戒心

可以遇到的场所

旅馆邻居的家里

住宿中遭遇概率

备忘录

隔壁邻居家的庭園是禁止进入的，只能耐心等待猫咪出来

（※拍摄时有获得该户人家的许可）

汐见之家

㊟：794-2520

爱媛县越智郡上岛町弓削佐岛299

☎：0897-72-9800

Ⓗ：http://shiomihouse.com/

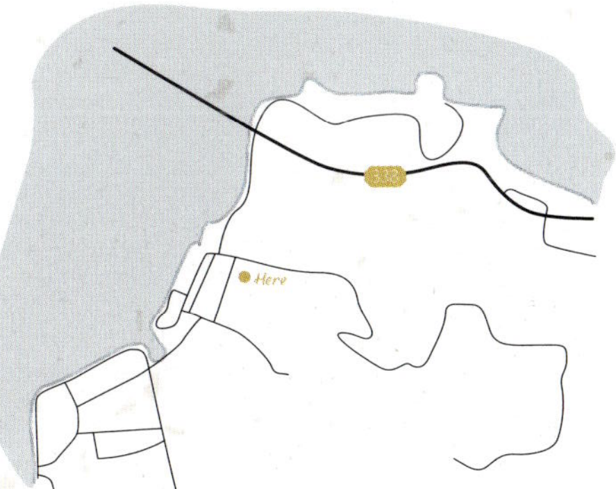

大分县 由布市

麓舍

在临近由布岳的旅馆休息
享受丰富的“猫咪时间”

邻居猫
无名猫

正在向老板撒娇的猫咪。
每天都可以吃到美味的
猫饭，一脸幸福的表情

美味的料理和猫咪，沉浸在这奢侈享受的时刻

从由布院车站出发，沿着热闹的街道步行，就可以看到时尚的咖啡店和土产店，简直令人眼花缭乱。从这条路到金鳞湖为止的这段步行路线在观光客中颇有人气。

如果你想要避开喧闹，可以选择偏离大街，然后你会听到从由布岳山脚的田园地带传来马蹄的声音。载着观光客的马车在街头轻快地奔跑着，这一情景从30年前开始便成了由布院的特色。在马蹄声中感受着迎面吹来的柔和的风，任由马车将自己带往远方。野鸟的叫声、风吹树叶的沙沙声传入耳中，旅行的情绪立刻高涨了起来。

在由布岳的山麓地段，汤的坪街道边，是被枹栎林所环绕的“麓舍”。餐厅梦鹿也在用地范围内，在那里可以品尝到使用大量当地食材制作的美味料理。从房间的窗户可以看见高大的由布岳，客人可以一边欣赏窗外的这一美景，一边度过一段休闲的时光。

屋外时尚的阳台上摆放着各种漂亮的物件，附近的猫咪都会聚集到这里玩耍放松，同时也等待着开饭时间的到来。也许是可以从主厨那里吃到美味料理的关系，这里的猫咪们身体都十分健康。对我们这些喜欢猫咪的游客来说，和猫咪一起度过一段悠闲的午后时光比什么都能够令人感到身心愉快。

猫咪从枹栎林里钻了出来，发出唰唰的声音。在这里可以同时享受到可爱的猫咪和体验到季节的变化，真的可以说是一场丰盛的时间盛宴。

因为每天都可以吃到美味的食物，这里的猫咪们似乎有点儿营养过剩了

和猫咪相处的每一分每一秒都让人心情激动

阳台上装饰着各种漂亮的摆饰和桌椅，而这些又跟这里的猫咪们是那么地搭配

猫咪的只数
6~10

性格
既有亲近人的猫也有对人保持戒心的猫

可以遇到的场所
旅馆的阳台

住宿中邂逅概率
🐾🐾🐾

备忘录
吃饭时间会聚集大量的猫

猫咪之间会用蹭头来打招呼，看来大家都是心意相通的好朋友

麓舍

㊟：879-5102
大分县由布市汤布院町川上1469-2
☎：0977-84-2963
Ⓗ：http://yufuin-fumotoya.com/

和猫咪保持着距离感

濑户内海的艺予诸岛，有一座处于岛并海道被称为“神之岛”的岛屿，它就是大三岛。这里是全日本大山祇神社以及三岛神社的总部，祭祀有山神、海神、战神的大山祇神社自古以来便受到武将们的素敬，也因此收藏了大量的武器，全日本国宝级的武器有8成都被收藏在这里。

现在可以通过岛并海道骑着自行车在岛上飞驰，大三岛美术馆、伊东丰男建筑博物馆等，在岛上随处可见为了参观艺术品或者建筑前来环岛旅游的观光客们。

在大山祇神社所处的宫浦地区，有一家由元渔夫夫妇所经营的民宿“绀玉”。这家旅馆会购入当季捕获的新鲜鱼类，然后制成仿佛怎么吃也吃不完的渔夫饭，这也是这家民宿的特色之一。这一点使这家民宿在那些肚子容易感到饥饿的骑车人之间成了想要成为回头客的理由，并且深受欢迎。而在享用这些美食的时候，一旁还会有居住在旅馆仓库里的猫咪们相伴。当我向夫妇二人询问“它们都叫什么名字呀？”的时候，得到了“没有名字哦。只不过是擅自住了下来。不过真的是很可爱啊”的回答。如果起了名字就会产生感情，忍不住变得更加在意起来，所以人和猫一直在保持既不会过分接近又不会太过疏远的距离感吧。虽然是一群没有名字的猫咪，但是每只看起来都十分漂亮，可见都得到了很好的照料。

被店主带到猫咪们生活的仓库一看，仓库里各种柑橘类水果的箱子映入眼帘。“来，尝尝这个。”说着店主便拿了一个剥开橘皮递给我。我立刻闻到一阵清爽的芳香气息，等我扒开一瓣放入口中，果然十分美味。而一直盯着我看的猫咪们仿佛在说，“看，是不是很好吃喵？”并一脸自豪的样子。

爱媛县 ⓜ 大三岛

绀玉

令猫咪们自豪的复古民宿

邻居猫

无名猫

关系很好的两只猫，它们会有如此健康的身体，相信一定是每天都从夫妇二人那里品尝到美味料理的关系

瞪着一双可爱的黄色大眼睛，仿佛在问“你是谁喵？”

猫咪们在享用美味的渔夫饭的同时
也是仓库的好守卫

这是仓库里猫咪们的固定位置，大多数猫咪都会在这里休息

猫咪的只数 ------------
1~5
性格 ------------------
傲娇
可以遇到的场所 --------
旅馆的仓库
住宿中遭遇概率 --------
🐾🐾🐾🐾
备忘录 ----------------
到了吃饭时间就会出现

有着一身有趣黑白花纹，是只沉稳大方又逍遥自在的猫咪

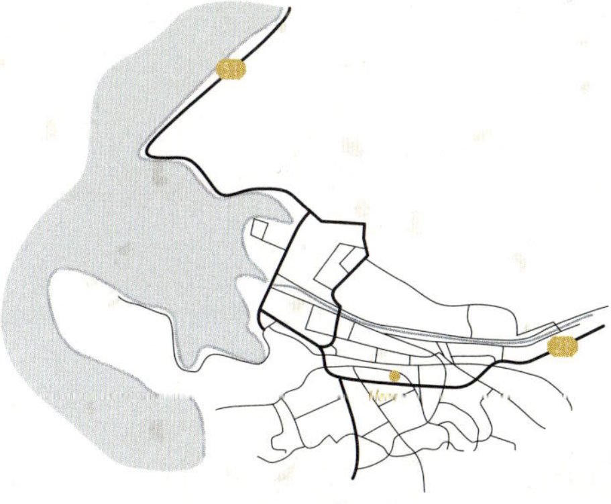

绀玉

㊟：794-1304
爱媛县今治市大三岛町宫浦5388
☎：0897-82-0111
㊡：无

香川县 ⓜ 志志岛

金盏花

在这有几分荒野感的岛屿上
到了日暮时分猫咪们便会聚集到旅馆来

邻居猫
无名猫

只有17人的岛屿，在这里猫比人多

在濑户内海，有一座周长3.8千米的小岛，志志岛从香川县三丰市的宫之下港口乘船20分钟左右便可以抵达。这里在昭和时代初期，曾因为培育鉴赏用花草的花卉栽培行业而繁盛一时，并且被人们称为“花之岛”，而如今常驻人口已经减少到了17人。

在这苍翠繁茂的山间村落里，已经有数间荒废的房屋因为大自然的侵蚀而变得腐朽不堪，不过却也因此有了另外一番光景。另外，最近还有增加一两名移居者，其中就有被有着大约1200年树龄的大楠树所吸引的人，这棵树可以说是志志岛的标志。在港口可以看见十分少见的家型墓地（埋葬墓）。临近的岛屿也一样，有着叫作两墓制的风俗，分为埋葬遗体的墓地（埋葬墓）和参拜用的墓地（参拜墓）。岛上有很多猫咪，不过都是一些警戒心强，具有野性的猫咪。

光是海浪、鸟儿和虫的声音便让傍晚变得热闹起来，而猫咪们也开起了自己的集会。它们会聚集到民居“金盏花”前的院子里，因为那里是有人居住的招待所。

金盏花是将有着50年筑龄的古老民居再利用改建而成的招待所。重新回到故乡的岛民们因为担心人口持续减少，所以和在三丰市诧间经营房地产公司的女性一起，创建了岛上之前没有的招待所。

到了夏天，在没有冷气的房间里支上蚊帐，点上蚊香感受这令人怀念的味道，冰箱里还冰镇着从山上采摘的西瓜。渐渐向西落下的太阳将柔和的阳光洒在了院子里，猫咪们正在那里很舒服地睡觉。而猫咪们身后的远处可以看到濑户内海与天空染成了一样的颜色。

聚集在院子里的猫咪们，好像在闲聊着家里又或者是在说哪里的花儿开了

招待所前面的小路，等到没有人以后喵咪便会来此休息

聚集了猫咪的院子，在筑龄50年的古老民居放松自己

从旅馆的走廊往室外去的时候一不小心和猫咪四目相对了

猫咪的只数
6~10
性格
警戒心很强
可以遇到的场所
旅馆的院子
住宿中遭遇概率
备忘录
到了吃饭的时间便会聚集过来

招待所金盏花
㊞：769-1109
香川县三丰市诧间町志志岛328
☎：0875-83-5740
Ⓗ：https://www.facebook.com/sisijimasinkou/

福冈县 相岛

丸巳屋

有着100只猫的乐园 一直守护着猫咪的老牌旅馆

邻居猫
一郎、软软、小冰等

前往老牌旅馆吃饭的猫咪们

近些年，福冈县的相岛因为生活着大量猫咪而作为“猫岛”变得有名起来。那是一座地处于玄界滩上的新月形的岛屿。其实从20多年前开始，便有人专门为了研究猫咪的生态而来到这座小岛，由此可见这里从很久以前开始就住着很多猫咪。曾经是因为渔业而繁盛的岛屿，这可能是原因之一。

一到小岛的港口，就可以看到猫咪们向你走来，赶快好好地款待它们一番吧。看来这里的猫咪都很习惯应对专程而来的爱猫游客了，想到这里我忍不住露出了微笑。在观光问讯处，可以了解到聚集着大量猫咪的地点，此外这里还可以买到各种漂亮的猫咪周边商品。

在这座小岛上，只有一家老牌旅馆。在已经有着50年历史的丸巳屋旅馆里聚集了许多为了海钓或者猫咪而来投宿的人们。那些喜欢猫咪的客人们会随身带着5千克、10千克的猫粮。到了傍晚，猫咪们会聚集到旅馆的玄关前，“给猫猫们饭饭喵”，那催促着店主的光景简直萌化人心。

店主会用孙子给猫咪们起的名字呼唤那些跟自己关系很好的猫咪。“最近小奶猫又增加，岛上变得越来越热闹了。”在这座岛上形成了猫和人的共生体系，人口缩减至300人的岛屿，因为猫的关系吸引来了大量的观光客使得小岛再次繁荣。吃饱了猫饭的猫咪们都露出了满足的表情，发出了喵喵的叫声，仿佛在表达感谢，然后纷纷向大海的方向走去。

旅馆前的广场是猫咪聚集的场所。既有有名字的猫，也有没有名字的猫

在为了猫咪而专门铺设的红色地毯上，猫咪正在静静地休息

猫咪们来到旅馆的玄关处，催促着“今天的饭饭还没有好喵~？”

从旅馆的房间里可以观察到路边的猫咪

猫咪的只数 ------------
6~10
性格 ------------------
亲近人、我行我素
可以遇到的场所 --------
旅馆的玄关，旅馆前的广场（红色地毯上）
住宿中遭遇概率 --------
🐾🐾🐾🐾
备忘录 ----------------
随时随地都可以结识到猫咪的休闲胜地

数十年来，
一直与猫咪用心沟通
希望以后也可以一直如此平静安逸

旅馆的主人和茶色
虎斑猫一郎，是一
对关系很好的朋友

猫咪们在旅馆前的小路上随意地休息，这是这座岛上最普通的光景。旅馆的老板最近身体开始变差，曾经对是否还要继续经营旅馆感到迷茫，不过想到对那些为了猫咪专程来到这座小岛的客人们来说这是唯一的旅馆，为了这些爱猫的游客，老板决定要继续努力

丸巳屋

㊟：811-0118
福冈县糟屋郡新宫町大字相岛776-2
☎：092-962-2908
Ⓗ：无

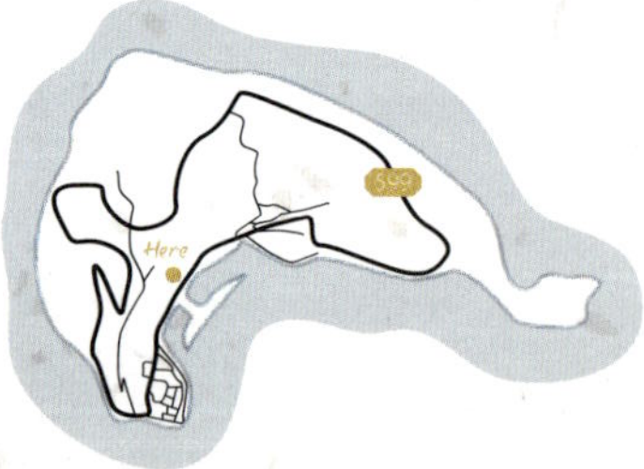

「猫岛」上的猫旅馆

在日本有着最多猫咪生活的小岛就是宫城县的田代岛。
田代岛吸引了大量日本国内外的爱猫游客登岛旅游。
下面将会推荐岛上可以跟猫咪近距离接触和交流的旅馆。

宫城县 田代岛

MARIN LIFE

到处都是可爱的猫咪
地处高处的疗愈旅馆

驻店猫咪
梅、咪咪等

到了傍晚便是外面的猫咪
吃饭的时间，咪咪（MIMI）
也会来到院子里

聚集了众多爱猫人士的小岛

从宫城县的石卷乘坐渡轮，在太平洋的大浪摇晃中行驶大约1个小时便可以抵达田代岛。这是一座周长11.5千米的岛屿，共有2个村落，人口共计大约60人，几乎都是高龄人士。

近年来急剧增长的观光客与其说为了享受岛上风光明媚的自然风光，不如说是为了这里的猫咪。这里因为岛上生活着大量猫咪而成为了日本国内最有名的“猫岛”，令人吃惊的是，开往田代岛的渡轮上竟然乘坐了大量海外的游客。近年来，在海外甚至有着“田代岛＝猫岛”的说法，可见名气之大。

一到港口，我便看到成群的猫咪前来迎接。我身边欧美来的女性立刻从背包中取出早就准备好的猫粮，迫不及待地开始喂猫。当我问她们，“为什么想到要来这座岛呢？”她们立刻指着猫咪们说：“为了这个！”因为看到了海外的游客一同来到岛上，顿时感受到了全球化的气息。对猫咪来说，“不管来的是什么人，只要给饭饭吃的就是好人”，喉咙里发出咕噜咕噜的愉快声音。

在可以看到大海的高地上有一家叫作“MARIN LIFE”的旅馆，那里聚集着许多猫咪。到了早晨，玄关外面会并排着许多前来吃饭的猫咪，“喵喵（饭饭！饭饭！）”地不停呼唤着食物。然后盛放在对切竹筒容器中的猫饭就被端了出来，这些都是为猫咪们特制的猫饭以及利用剩下的鱼类料理制作的手工饭菜。然后猫咪们的早餐会就开始了。

老板娘边说着“这都是每天必须做的功课”，边用宠爱的眼神看着正在就餐的猫咪们。被允许进入到旅馆中的奶牛猫梅（MEI）和咪咪也来到院子里，和大群的猫咪们进行起了交流。猫咪们吃饱以后便会很有礼貌地说一句“多谢款待”，然后乖乖地从大门离开。

梅和咪咪的关系特别好，从老板娘那里得到了[illegible]，两只猫都超满足

好奇心旺盛的咪咪，就算被抱着怀里也总在东张西望，不太安分

梅喜欢在晚餐过后和喜欢猫的客人一起玩耍

在旅馆里招待客人的任务就交给本猫吧

最喜欢的食物要和好朋友一起分享，一猫一半。吃的时候一定会很规矩地轮流享用，绝不互抢，看着这样的两只猫，客人都忍不住露出了笑容

早晨和傍晚的用餐时间，会有大群的猫聚集到院子里，十分热闹

早晨和傍晚是猫咪们热闹的用餐大会

咪咪也很喜欢在院子里玩耍，似乎正在寻找可以一起玩的伙伴

外面的猫也很熟练地在院子里设置的游乐场里玩耍

在纸箱中玩耍的梅，和外面的猫咪们关系都很好

猫咪的只数 ------------
10～20
性格 ------------------
亲近人、我行我素
可以遇到的场所 --------
旅馆内外随处可见
住宿中遭遇概率 --------
🐾🐾🐾🐾
备忘录 ----------------
早晚餐的时间必定可以
看到聚集来的大量猫咪

MARIN LIFE

㊟：986-0023
宫城县石卷市田代滨仁斗田38
☎：0225-21-4122
Ⓗ：http://marinew.com/

院子里的椅子上坐着一只外面的猫，它将头放在了桌子上，一脸舒适的样子，真的是非常可爱

宫城县 田代岛

纲元

旅馆前是猫咪聚集的场所
有着昔日风情的渔夫旅馆

驻店猫咪
无名猫

可以和猫咪一起乘船捕鱼的渔夫旅馆

田代岛自江户时代开始便是以捕鱼业而繁荣的岛屿。即便到了现在，年事已高的渔夫们依旧会趁着天未大亮的时候聚集到港口，在颜色时刻变化的天空下，静静地撒出手中的渔网，而在之后收网的时候脸上都充满了对鱼儿的敬畏神情。猫咪们也默默地坐在渔夫身旁，完全融入到了那道风景之中，之后渔夫会从网中取出鱼儿丢给猫咪。猫咪们喵地叫了一声："啊，等好久了喵！"然后开始开心地享用面前的鱼儿。能够有如此美食全靠大海的眷顾，相信猫咪心中也是这么想的吧。

"纲元"的主人夫妇笑着说："它们可以比我们家客人更早品尝到新鲜的鱼儿。"他们到了这个年纪也依旧是现役的渔夫。"早几年的时候，我们家养的猫会跟我们一起乘船出海捕鱼呢。"据说从很久以前，带猫上船一同出海捕鱼有祈愿捕鱼丰收的意思。

"接下来要去拉抓螃蟹的篮子，你也要一起上船吗？"老爷爷问我。我想着这也算是代替猫咪出海，于是乘上了船。向着海面漂有浮标的位置一路航行，进入捕蟹的工作。本以为航行了一段不短的路程，估计篮子应该很重，没想到很轻松地就提起来了。篮子里可以看到有成年人手掌大小的螃蟹。我想我可以看到这样丰收的光景一定是托了可以"召唤丰收"的猫咪的福吧，相信老爷爷也是这么认为的。

因为是渔夫旅馆，所以从过去就开始聚集了不少前来要鱼吃的猫咪。不过据说因为现在可以从观光客的手中获得猫粮，所以最近来旅馆的猫咪开始减少了。

虽然岛上的人口年年都在减少，但是渔夫和猫咪的良好关系从古至今一直都未改变。

据说是岛上唯一的茶色虎斑猫。猫咪们都在友好地碰头打招呼

渔夫与猫
从过去开始便互惠互利

早晨，便会有猫咪聚集到主人夫妇身边，
据说最多曾有40只之多

猫咪的只数
20~30

性格
自由自在、随心所欲

可以遇到的场所
旅馆前所摆放的招牌旁边是猫咪聚集的场所

住宿中遭遇概率
🐾🐾🐾🐾

备忘录
随处可见猫咪躺在各种地方睡觉

从渔夫手中获得了鱼儿，吃饱以后满足地伸出了舌头

纲元的招牌前是猫咪聚集的场所

纲元

住：986-0023
宫城县石卷市田代滨仁斗田51
☎：0225-98-2316
休：无

的长椅正是猫咪们最爱的场所

宫城县 田代岛

漫画岛

猫咪和漫画粉的乐园

猫咪形状的小屋

驻店猫咪

无名猫

仿佛在问“今天的饭饭要做些什么喵？”的猫咪

在人们开始BBQ的时候一定会
前来帮忙的贪吃小队

可以和猫咪一起体验野营的猫形小屋

在田代岛的小山丘上，有一间很有趣的猫形小屋，它的名字叫作“漫画岛”，是一家可以住宿的旅馆。

说到田代岛，除了猫咪还少不了漫画。是的，虽然田代岛作为“猫岛”而闻名世界，但是对漫画爱好者来说，也是一生一定要拜访一次的岛屿，因为这里也是创作了《假面骑士》《再造人009》等著名漫画的漫画家石森章太郎所特别喜爱的岛屿。宫城县出身的石森先生一直希望可以移居至田代岛生活，可惜没有达成这一心愿便已仙逝了。那之后，像是为了继承这个想法一样，由著名漫画家参加的“漫画Japan”出资，在这个小山丘上创建了“漫画岛”。由漫画家千叶彻弥、里中满智子一起设计了有着猫外形的漫画岛，内部装潢也描绘有各种猫咪图案的花纹，并且会根据小屋而有所不同。

在这片区域内，除了漫画岛还设有帐篷，让在这里进行野营变成了可能。想要吃饭的话可以在户外进行BBQ，猫咪们也会因此而感到高兴。这时候为了获得食物而来妨碍用餐的贪吃小队就会出现了。当然，喵咪们还会叫着“不要蔬菜，要吃肉肉！”表示抗议。

我相信石森先生一定为心愿得到了满足而感到高兴吧。

可以在小山丘上和猫咪一起愉快地野营

猫咪和人一起在长凳上休息，仿佛自己也变成了人类一样

如果你尝试抚摸正在睡觉的猫咪的话，会听到它从喉咙里发出愉快的呼噜声

太平洋、红白相间的漫画小屋以及猫咪。
这真是一幅十分符合“漫画岛”的画面

猫咪在小屋的外面偷窥着，“今天会来什么样的客人，会做怎么样的饭饭给我吃呢喵？”

小屋前的花与猫。清爽的海风从小山丘上吹过

猫咪正在造访中满智子所设计的漫画小屋

猫咪在玄关外仿佛是在想：“如果按了门铃的话，人类会不会让我进去呢喵？”

猫咪的只数

20~30

性格

亲近人，我行我素

可以遇到的场所

用地范围内的任何地方

住宿中遭遇概率

🐾🐾🐾🐾

备忘录

接待中心的房子前聚集的猫咪特别多

漫画岛

㊟：986-0023
宫城县石卷市田代滨字敷岛24
☎：0225-21-4141
Ⓗ：http://www.city.ishinomaju.lg.jp/cont/10452000b/-kanko/-kankomap/d0040/20130224150619.html

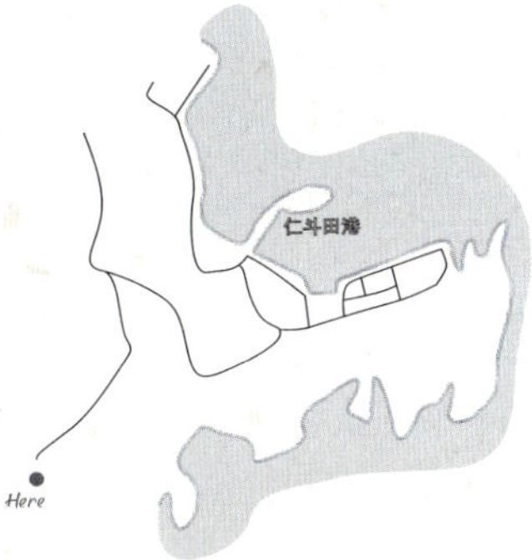

+α

猫神社

坐镇于岛屿的中心位置
供奉猫神大人的猫神社

这是猫神社的猫神大人的肉球……？

红色和黑猫形成强烈的对比，让人感受到了神和风美感

神社里会有很多爱猫的游客前来参拜，参拜结束以后又因为神社里有猫而一个个都舍不得离开

在田代岛的中部有着祭祀猫神大人的猫神社。从明治末期开始到大正时代，田代岛都以捕鱼业而繁盛。当时随着春天的造访，渔夫们手头的工作也变得轻松起来，这时候，那些亲近人的猫咪便会三五成群靠近渔夫，和人类一起玩耍。据说某天在制作船锚的时候，碎石飞溅击中了一旁的猫咪，最终猫咪因此死亡。因为自古以来便有猫咪会“招来捕鱼丰收”的说法，所以当时的岛屿总负责人深感痛心，为了祈求猫咪的安全和渔业的丰收，于是建造了这座神社。当神社有很多观光客来参拜的时候，猫咪也会聚集过来，整个神社都变得热闹了起来。

+α 有猫咪在的休息场所

任何人都可以获得自由和安宁
猫咪共和国岛的车站

在田代岛，有一处观光客们可以舒适地休息的场所。从猫神社出发，沿着仁斗田村落步行数分钟，便可以到达“岛车站”，这里不但出售饮料、咖喱、乌冬等简餐，还可以买到便当等，客人可以在店内或者露台随意地用餐，是一处不错的休息场所。最令人开心的还是这里也有许多猫咪员工，它们会招待客人。这里还展示并出售以猫咪为中心的照片、书籍、杂货等，所以也可以在这里购买田代岛的土产。推荐和深爱着猫咪的人类工作人员轻松地展开一场“岛猫talk”，相信会听到不少有趣的故事。

工作人员所饲养的猫，田代岛出生的青花味增（MISO）（右）和宗太（左）一起在车站生活。两只猫不但感情好，还会看店

被救助猫咪所在的疗愈旅馆

虽然旅馆中生活着许多猫咪，但是它们本来都是野猫、
弃猫或者差点被动物保护中心处理掉的猫咪，
接下来要介绍的就是救助了这些猫咪的旅馆。

猫藏

由保护猫咪庇护所联合设立
聚集了来自世界各地爱猫者的旅馆

驻店猫咪
小福、小梦、太郎、小虎、小鹰、小呗、蘑菇、月见、藏之介等

※因为常年募集领养，所以店里的猫咪会不断变换

照片中的猫咪都差点被动物保护中心所处理

福冈县｜博多区｜猫藏

在猫床上团成一团的猫咪们。这些猫都曾经是处理对象。看着镜头的是从北九州中心接过来的藏之介

为了守护那些没有明天的猫咪们

福冈县的博多区会有许多来自日本国内外的观光客，而这里是九州唯一与保护猫咪庇护所联合设立的招待所“猫藏”。从事房地产生意并负责“DM都市开发”计划的女经理在参加猫咪保护活动的过程中结识了运营猫咪保护团体“福猫小屋”的女性，二人想出了这个将招待所和保护猫咪相结合的点子。并且还一并设立了咖啡店“夜茶藏”。只靠志愿者在猫粮、医疗费用等方面都存在着极限，因此在住宿、餐饮上的收益完全可以作为猫咪保护活动的经费来使用。

这里只接收那些被动物保护中心当做处理对象的猫咪，庇护所会对它们进行保护，并且帮助寻找可以领养的家庭。如果寻找到领养家庭，又会从动物保护中心接来新的猫咪。现在，在福冈市一年内所处理的猫咪数量是狗的10倍以上，超过450只，处理基本每天都有在发生。

这里聚集了那些想要保护猫咪的志愿者们，帮助进行保护猫咪活动和经营招待所、咖啡店。想要领养猫咪的人，可以通过电话或者网络进行预约。为了更好地确认和猫咪之间是否可以相处良好，领养家庭甚至还有数日的猫咪试用期。

住在这里的客人以外国人居多，其中甚至有人表示，“旅行的目的就是为了来这家旅馆，我是专门来看这里的猫咪的”。

这里变成了聚集着世界各地爱猫者的场所，大家都希望有一天不再有猫咪被处理的事情发生。今天旅馆也接待了许多来自世界各地的旅行者，大家都在为了多救助1只没有明天的猫咪而四处奔走。

爱撒娇的小呗正在舔着不知道是谁的肉球爪，痒吗？

蘑菇（KINOKO）和太郎。不知道为什么，太郎就是很关注蘑菇，偶尔也会打架，所以工作人员总要时刻注意着

从上往下分别是蘑菇、小鹰、太郎，
分别站在自己喜欢的位置
（太郎是工作人员饲养的猫）

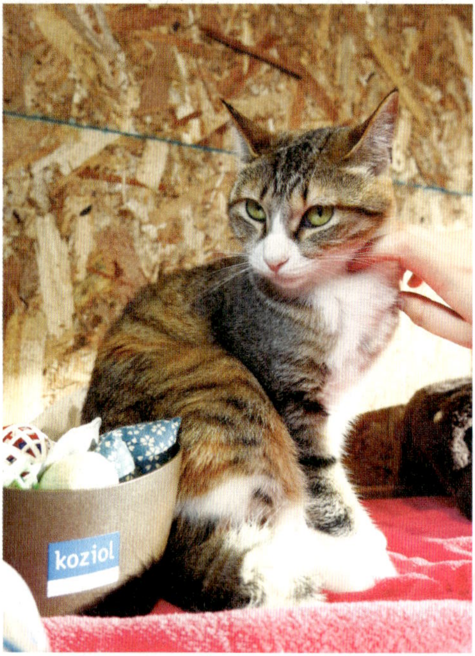

一直都无法很好地和人亲近的蘑菇，曾经被保护中心所捕获，
在做完绝育手术之后被送到了这里

从福冈县动物保护中心领回来的月见，跟人或是其他猫都十分亲近

在保护猫咪庇护所内规定，可以触摸猫咪的地方只有在这个房间

在保护猫咪和抚摸猫咪的时候，人也得到了治愈

工作人员饲养的猫咪，小福和小梦，它俩会照顾那些需要寻找领养家庭的猫咪

有着黑白花纹的梅也在等待着领养家庭的出现

在受到保护的猫咪中最亲近人的茶色虎斑猫。熟睡的样子十分可爱

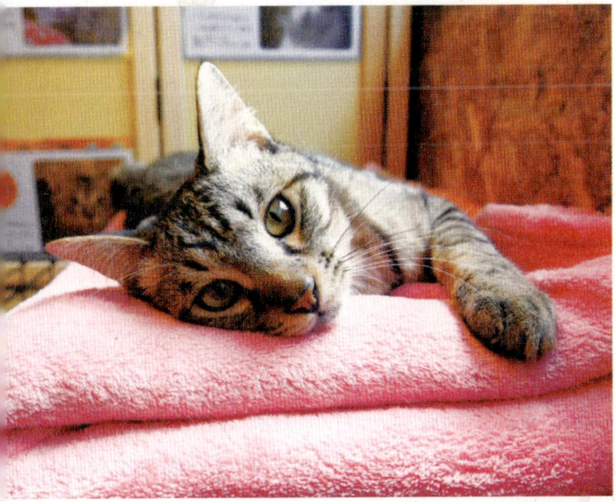

从福冈县动物保护中心接来的小鹰，总是喜欢望着相机镜头

猫咪的只数

10~15

性格

因为是被救助的猫咪，所以有怕生的也有亲近人的，各种性格都有

可以遇到的场所

旅馆中的“保护猫咪庇护所”

住宿中遭遇概率

🐾🐾🐾🐾

备忘录

如果想看猫或者和猫咪接触可以询问工作人员

猫藏

住：812-0044

福冈县福冈市博多区千代4丁目7 4丁目7-86

☎：092-409-2242

H：https://www.nekokura.co.jp/

在这个湖边别墅，你可以看到巍峨的富士山矗立在眼前，在花园里欣赏河口湖的美景，并且得到格雷（GURE）的陪伴

山梨县 ⊕ 富士河口湖町

湖边别墅

这里是被救助猫咪们的乐园
可以看到富士山近在眼前的租赁别墅

驻店猫咪
小玉、里昂、
奇奇子、马克、
格雷等

三花猫小玉因为有着柔软的毛和亲近人的性格，格外受到客人喜爱

治愈、被治愈，这是人与猫之间的[illegible]

在这个可以看到富士山和河口湖的地方，有一家家庭经营充满了温馨[illegible]别墅旅馆——"湖边别墅"。在这个租赁式的小屋里充满了木质结构所带来的[illegible]为采用了挑空设计的关系，可以感受到天井吹拂过来的微风，并且还附带有露[illegible]屋外的阳台不论晴天还是雨天可以进行烧烤，而且这里还有机会接触到很多[illegible]猫咪。

在这里生活着20只左右的猫咪，平时会在老板的专属区域活动，但是如果有喜欢猫的客人出现的话，它们也会很好地进行招待。基本上都是一些性格开朗，与人亲近的猫咪。

其实这里的猫咪都是老板从外面捡回来的弃猫。老板一家因为从小开始便和猫咪一同生活，所以开始对周边地区被丢弃的猫咪进行保护。其中也有被野猫妈妈丢弃的小奶猫或者是从兽医那里收留的猫咪。因此，这里总是会有许多猫咪。对喜欢猫咪的客人来说，这是再好不过的事情了。

而且这里的风景也十分怡人，富士山和河口湖，映照在河口湖里的富士山的倒影，这些风景组合在一起仿佛名画一般，而富士山和猫咪组成的画也很不错。以巍峨的富士山为背景，眼前是猫咪休闲放松的样子，整幅画充满了和平的气息。

身心都曾受到伤害的猫咪们，如今受到了保护，得到了治疗，然后它们现在又反过来治愈人类的心灵。希望人与猫之间的美好日常可以一直持续下去。

希望猫和人的美好日常生活可以一直持续下去

在被装入袋子正要丢弃的时候被老板救回来的黑色小奶猫，现在已经完全恢复了健康并且和人很亲近

曾经被人舍弃的暹罗猫里昂有着一双美丽的蓝眼睛，但是貌似有一只眼睛看不见，喜欢在这个位置休息

有时候猫咪会占领接待处，真的是很认真地在工作呢

在这里汲取富士山的力量，
度过一段被猫咪治愈的美好时光

曾经是弃猫的奇奇子（CHI-子），现在在这里得到了保护，并且会在接待处迎接客人

老年猫马克，因为性格沉稳，所以总是很安静

在别墅外的阳台上玩耍的奇奇子。因为受到了这里的保护，所以作为回礼它正在外面帮忙巡逻

格雷会一直走到停车场来欢迎客人。是从租赁别墅开业以来就在这里的老员工了

猫咪的只数

10~15

性格

以亲近人和文静的性格居多

可以遇到的场所

接待处

住宿中遭遇概率

🐾🐾🐾🐾

备忘录

可以多关注接待处里放置的那些猫床

湖边别墅

㊟：401-0304

山梨县南都留郡 富士河口湖町河口1799

☎：0555-76-8550

Ⓗ：http://www.mfi.or.jp/lakevila/

在初夏的某一天，我造访了奄美诸岛的加计吕麻岛。

明明是东京还可以感觉到少许凉爽，加计吕麻岛已经完全是夏天的感觉了，

强烈的阳光照射在小岛和海面上，红色的刺桐花正在盛开，这里的整个世界都在发着光。

在我经常居住的民宿雪村里有着和善的老板和老板娘，以及可爱的猫咪们，

我仿佛是专门为了与他们相遇而来到这里。

那个时候正好小岛旅行作家斋藤润也有来到这里。

早晨，我们会前往被大家称为“Paradise”的地方欣赏眼前广阔的海景，

在我躺着的吊床对面是坐在椅子上休息的斋藤先生，

我的角度正好可以看到他眺望大海的背影。

在他旁边，还挨着旅馆所饲养的猫咪小咪。

我看着一人一猫的背影脸上忍不住露出了微笑，在我不知不觉地将这一场景拍摄下来之后，

前一晚老板娘告诉我的不可思议的话语突然浮现在脑海里——

“人在死后，会变成某种东西回去与家人相见。”

紧挨在一旁的小咪让我觉得它就是斋藤先生的女儿，而让我更加确信这一点的是，

在那之后斋藤先生在海里游泳的时候，小咪也一直眺望着他的身影，

而且到了夜晚睡觉的时候，小咪也去了斋藤先生的房间。

听说猫咪具有某种灵性。

7年来我住过雪村多次，这样的小咪我还是第一次见到。

很多旅行者都怀抱着不同的心情和思念，

为了寻找心中各种问题的答案而踏上旅途，

在这场没有尽头的旅行里，也许只有用猫儿的本能来解释这些不可思议的事情了。

我一直在日本国内外一边旅行一边结识当地的猫咪，并且拍下照片。

相信将来的某一天翻看这些照片的时候，能够回忆起当时在那个地方和猫咪的对话。

在户外悠闲放松的猫咪，带有些许警戒心的猫咪，

每一张照片都在诉说着我当时看这些猫咪的眼神，

在我看来，这是猫咪给我的“旅行证明”。

回顾这些照片，我惊喜地发现在那些旅馆里，

我竟然结识了那么多可爱的猫咪。

而且可以从那些猫咪的表情中看出，它们作为“猫女将”“猫咪员工”“猫邻居”

给旅行中的人们带来了治愈和安心感。

本书介绍了在日本30家旅馆里所遇到的猫咪的样子。

其中存在有一些猫咪在本书出版前就已经去世的情况。

而在获得这些消息的时候，老板所传达过来的悲痛之情是很难用笔墨去形容的。

这些猫咪们在治愈住客的同时，更多地治愈了旅馆的工作人员。

如果我能够通过它们可爱的身姿，

将旅客和猫咪之间的美丽关系传达给大家的话，那么我会感到非常高兴。

非常感谢各位读者阅读本书。

书中出现的那些旅馆的各位工作人员和猫咪们，我在这里表示由衷的感谢。

最后，那些去世的旅馆猫们，我衷心祈祷它们可以在天国得到安息。

2017年11月　小林希

书籍设计/midoriya design　印刷制作/SHINO书籍印刷　特别协助/东海汽船 http://www.tokaikisen.co.jp

图书在版编目（CIP）数据

喵~欢迎来到日本的猫咪旅馆 /（日）小林希著；徐蓉译. —武汉：华中科技大学出版社，2019.4
ISBN 978-7-5680-5037-1

Ⅰ.①喵… Ⅱ.①小… ②徐… Ⅲ.①旅馆－介绍－日本 Ⅳ.①F733.136.9

中国版本图书馆CIP数据核字（2019）第047574号

BEAUTIFUL LODGING CAT IN JAPAN
© NOZOMI KOBAYASHI 2017
Originally published in Japan in 2017 by X-Knowledge Co., Ltd. Chinese (in simplified character only) translation rights arranged with X-Knowledge Co., Ltd. TOKYO,
through g-Agency Co., Ltd, TOKYO.

本作品简体中文版由株式会社エクスナレッジ（X-Knowledge CO.,Ltd.）授权华中科技大学出版社有限责任公司在中华人民共和国境内（但不含香港、澳门和台湾地区）出版、发行。
湖北省版权局著作权合同登记　图字：17-2019-016 号

喵~欢迎来到日本的猫咪旅馆
Miao Huanying Laidao Riben de Maomi Lüguan

[日] 小林希 著　徐蓉 译

出版发行：华中科技大学出版社（中国·武汉）　电话：(027) 81321913
北京有书至美文化传媒有限公司　(010) 67326910-6023
出 版 人：阮海洪

责任编辑：莽　昱　康　晨
责任监印：徐　露　郑红红　　封面设计：秋　鸿

制　　作：北京博逸文化传播有限公司
印　　刷：联城印刷（北京）有限公司
开　　本：635mm×965mm　1/32
印　　张：5
字　　数：60千字
版　　次：2019年4月第1版第1次印刷
定　　价：69.80元

华中出版

本书若有印装质量问题，请向出版社营销中心调换
全国免费服务热线：400-6679-118　竭诚为您服务
版权所有　侵权必究